Duden

Abiwissen

Geschichte

Kaiserreich, Imperialismus und Erster Weltkrieg

Dudenverlag
Mannheim · Zürich

Bibliografische Information der Deutschen Nationalbibliothek
Die Deutsche Nationalbibliothek verzeichnet diese Publikation in der Deutschen Nationalbibliografie; detaillierte bibliografische Daten sind im Internet über http://dnb.ddb.de abrufbar.

 D C B A

Redaktionelle Leitung: Simone Senk
Redaktion: Gabi Gumbel
Autor: Asmut Brückmann

Herstellung: Andreas Preising
Layout: Horst Bachmann
Umschlaggestaltung: Hemm-communication.design, Filderstadt
Satz: Kösel, Krugzell
Druck und Bindung: Heenemann GmbH & Co., Berlin
Printed in Germany

ISBN 978-3-411-74091-8

1 Gründung des Deutschen Reichs

2 Kaiserreich – Verfassung und Innenpolitik

3 Kaiserreich – gesellschaftlicher Wandel und spätfeudale Strukturen

4 Imperialismus – Ursachen und Kennzeichen

1
Gründung des Deutschen Reichs

1.1
Triebkräfte des Einigungsprozesses

1849 war der Versuch einer deutschen Einigung auf demokratischer Grundlage gescheitert. Der preußische König hatte die ihm von der deutschen Nationalversammlung angebotene Kaiserkrone abgelehnt; seine Truppen hatten die gewählten Volksvertreter auseinandergejagt und die Revolutionäre verhaftet oder ins Exil getrieben. Trotz dieser herben Niederlage blieb das Projekt eines deutschen Nationalstaats lebendig und erhielt in den folgenden Jahren neue Impulse.

- Der **deutsche Liberalismus** wandelte sich und verfolgte das Ziel mit geänderten Strategien weiter.
- Die **Vertreter der Industriewirtschaft** drängten auf eine Überwindung der staatlichen Zersplitterung zugunsten eines zusammenhängenden Großwirtschaftsraums im Zentrum Europas. Der **wirtschaftliche Erfolg** stärkte zudem das liberale Bürgertum und brachte ihm Wohlstand und neues Selbstbewusstsein.
- Dazu kam der Plan des preußischen Ministerpräsidenten Otto von Bismarck (1815–98), mithilfe der deutschen Nationalbewegung den preußisch-österreichischen Dualismus zu überwinden und **Preußen die Führungsrolle** in Deutschland zu verschaffen.

1.1.1
Deutscher Liberalismus nach 1848

1848/49 war die liberale deutsche Nationalbewegung nach anfänglichen Erfolgen aufgrund ihrer politischen Zerstrittenheit und militärischen Schwäche gegenüber den alten Mächten erfolglos geblieben. Daraufhin zogen führende Liberale Konsequenzen aus dieser Niederlage und versuchten, daraus Lehren für ihr künftiges politisches Handeln zu ziehen. Folgende miteinander verbundene Themenbereiche standen dabei im Mittelpunkt:

- eine nüchterne Analyse der aktuellen **Machtverhältnisse in Deutschland,**
- die Frage, ob gesellschaftliche Veränderungen auf **revolutionärem oder evolutionärem Weg** anzustreben seien,
- das Verhältnis von **nationaler Einheit und politischer Freiheit** sowie
- die Spannung zwischen ideologisch bestimmter **Prinzipienpolitik** und einer den politischen Gegebenheiten Rechnung tragenden **Realpolitik.**

Bei einem Großteil der Liberalen setzte sich ab 1850 die Überzeugung durch, dass sie ihre Ziele nur dann erreichen konnten, wenn sie die politischen Machtverhältnisse in Deutschland realistisch einschätzten und dabei die **unterschiedlichen Interessen und die Rivalität der führenden Staaten Preußen und Österreich** berücksichtigten. Wollte man liberale Reformen durchsetzen und die nationale Einheit verwirklichen, benötigte man dazu die entsprechenden politischen Machtmittel und die Unterstützung durch zumindest einen der beiden deutschen Führungsstaaten. So formulierte der liberale Publizist Ludwig August von Rochau 1853 in seiner anonym erschienenen Schrift „Grundsätze der Realpolitik. Angewendet auf die staatlichen Zustände Deutschlands“:

> Herrschen heißt Macht üben, und Macht üben kann nur der, welcher Macht besitzt. Dieser unmittelbare Zusammenhang von Macht und Herrschaft bildet die Grundwahrheit aller Politik und den Schlüssel der ganzen Geschichte.

Nach Lage der Dinge kam für die Ziele der Liberalen trotz seiner autoritär-monarchischen Grundordnung nur **Preußen** infrage.

- Preußen verfügte – anders als Österreich-Ungarn – über eine **Verfassung** mit eingeschränkten demokratischen Mitwirkungsmöglichkeiten und bot somit eine Perspektive für Reformpolitik.
- Das **Territorium** Preußens befand sich großenteils auf deutschem Boden, während der Vielvölkerstaat Österreich-Ungarn seinen Schwerpunkt im nicht deutschen Südosteuropa hatte.
- Bei der nationalen Einigung stand eine Führungsrolle Österreich-Ungarns, das von vielen verschiedenen Nationen bevölkert war, im Widerspruch zu den an **gemeinsamer Sprache und Kultur** orientierten Grundprinzipien des Nationalismus.

Basiswissen **Nation und Nationalismus**

Unter Nationen versteht man seit dem 18. Jahrhundert Bevölkerungsgruppen mit wichtigen Gemeinsamkeiten, zu denen vor allem Sprache, Kultur und Territorium, aber auch gesellschaftliche Grundüberzeugungen sowie die Rechts- und Staatsordnung zählen. Man unterscheidet **Kulturnationen,** die sich von einer gemeinsamen Kultur und Sprache herleiten (z. B. Deutschland), und **Staatsnationen,** denen man – unabhängig von ethnischer Zugehörigkeit – durch Geburt oder aktiven Beitritt angehört (z. B. Frankreich).

Die Nationalbewegung des späten 18. und des 19. Jahrhunderts wurzelte im Bürgertum und forderte die Verwirklichung von Volkssouveränität und nationaler Selbstbestimmung. In staatlich zersplitterten Ländern wie Italien und Deutschland stand der Wunsch nach nationaler Einheit im Vordergrund. Die in der zweiten Hälfte des 19. Jahrhunderts aufkommende Ideologie des **Nationalismus** hob die Vorzüge und Machtansprüche der eigenen Nation gegenüber anderen Nationen hervor, was oft zu Rivalitäten zwischen den Nationalstaaten führte. Die extreme und besonders aggressive Form des Nationalismus nennt man **Chauvinismus.**

Vor diesem Hintergrund nahm der deutsche Liberalismus nach 1848/49 einen **bedeutsamen Kurswechsel** vor.

- **Evolution statt Revolution:** Mit wachsendem Wohlstand nahm die Furcht des Bürgertums vor den Unwägbarkeiten einer Revolution und eines sozialen Umsturzes zu, die seine Stellung massiv bedroht hätten. Man setzte jetzt vielmehr auf eine allmähliche Reform der politischen Verhältnisse und eine schrittweise Machtverschiebung zugunsten des Bürgertums, wofür Preußen die besten Möglichkeiten zu bieten schien.

- **Einheit vor Freiheit:** Die Mehrheit der Liberalen stellte vorerst ihre politischen Freiheitsforderungen zugunsten des Ziels der nationalen Einheit zurück. Erst ein deutscher Nationalstaat, dann liberale Reformen – so lautete nun die Parole.
- **Realpolitik statt Prinzipienpolitik:** Zugunsten eines realistisch-flexiblen Umgangs mit den politischen Verhältnissen verzichteten die Liberalen vorläufig darauf, illusionäre Fernziele zu verfolgen und starre liberale Prinzipien zu verfechten.

Basiswissen **Liberalismus**

Die Wurzel des Liberalismus ist die im Zuge der Aufklärung des 18. Jahrhunderts aufgekommene Forderung nach **persönlicher und politischer Freiheit.** Sie richtet sich gegen Bevormundungen und Beschränkungen, die der Entfaltung der individuellen Freiheit eines mündigen Menschen im Weg stehen. Grundprinzipien des Liberalismus sind: Vorrang des Individuums gegenüber dem Staat, Abhängigkeit der Regierungen von der Zustimmung der Bürger, ungehinderte Entfaltungsmöglichkeiten für den Einzelnen, Unantastbarkeit der Meinungs- und Gewissensfreiheit, keine staatlichen Eingriffe in das Wirtschaftsleben.

1859/60 erhielt die deutsche Nationalbewegung neuen Schwung:

- Österreich musste sich nach einer militärischen Niederlage 1859 der italienischen Nationalbewegung beugen und einen Großteil seiner norditalienischen Gebiete abtreten. In **Italien** konstituierte sich ein **Nationalstaat.**
- 1858 übernahm Prinz Wilhelm (1797–1888) von seinem kranken Bruder Friedrich Wilhelm IV. (1795–1861) die Regentschaft, wechselte die Regierung aus und ließ vorsichtige Lockerungen zu. So leitete er nach Jahren der Reaktion die sog. **Neue Ära in Preußen** ein.

Nationale Vereine und Feste

Der Erfolg der Italiener und die „Neue Ära" stimulierten die deutschen Liberalen zu verstärkten Aktivitäten. Diese manifestierten sich in einer Vielzahl von deutschlandweiten Vereinen, Zusammenschlüssen und Festen sowie einer ersten Parteigründung. Initiator und Träger war in der Regel das protestantische Bildungsbürgertum.

- **Deutscher Nationalverein,** gegründet 1859: Zusammenschluss gemäßigter Liberaler, die eine konstitutionelle Monarchie favorisierten, und linksliberaler Demokraten, die bisher das Ziel einer auf Volkssouveränität basierenden Republik verfolgt hatten; Honoratiorenvereinigung; Forderung: deutscher Nationalstaat unter preußischer Führung.
- **Deutscher Reformverein,** gegründet 1862: österreichisch-großdeutsch orientiert, Anhänger vornehmlich in Süddeutschland und den Mittelstaaten.
- **Schillerfest** von 1859, verschiedene **Schützen- und Turnerfeste** (1860–63), **Sän-**

gerfest von 1861, Feiern zum 100. Geburtstag Fichtes (1862), Kölner Dombaufest (1863) als länderübergreifende Manifestationen des deutschen Einheitswillens.

- **Deutsche Fortschrittspartei,** 1861 in Preußen gegründet; Ziele: Einheit Deutschlands, liberale Reformen in Preußen.

1.1.2 Wirtschaftliche Entwicklung

Eine starke Schubkraft erhielt die deutsche Nationalstaatsbildung auch von der rasanten Wirtschaftsentwicklung. Ab Mitte des 19. Jahrhunderts kam besonders auf preußischem Boden (Ruhrgebiet, Berlin, Oberschlesien) ein rascher Industrialisierungsprozess in Gang, der einen engeren Zusammenschluss der verschiedenen Regionen Deutschlands stimulierte.

Chronologie	Stationen des wirtschaftlichen Zusammenwachsens
1807–18	Aufhebung der Binnenzölle in Bayern, Württemberg, Baden und Preußen
1828	preußisch-hessischer Zollverein (Vereinheitlichung des Zollwesens und Aufhebung der Zölle zwischen Preußen und dem Großherzogtum Hessen-Darmstadt)
1828	bayerisch-württembergischer Zollverein (auch: süddeutscher Zollverein)
1828	Mitteldeutscher Handelsverein: Zusammenschluss von Sachsen, Hannover, Kurhessen, Braunschweig, Oldenburg, Nassau, den thüringischen Staaten, Bremen und Frankfurt (gegen Preußen gerichtet)
1834	Gründung des **Deutschen Zollvereins** unter der Führung Preußens (Mitglieder ab 1834: Preußen, Hessen-Darmstadt, Kurhessen, Bayern, Württemberg, Sachsen, die thüringischen Staaten; 1835 folgten Baden und Nassau, 1836 Frankfurt am Main, 1841 Braunschweig, 1842 Luxemburg, 1854 Hannover, Oldenburg und Schaumburg-Lippe); Entstehung eines Großwirtschaftsraums mit ca. 32 Millionen Einwohnern; Förderung von Investitionen, Handel und Konsum; feste Wechselkurse zwischen den verschiedenen Landeswährungen; 1868–70 tagte das Zollparlament
1858/61	Bildung von gesamtdeutschen Interessenverbänden des Handels- und Industriebürgertums: Kongress deutscher Volkswirte (1858) und Deutscher Handelstag (1861)
1861	Allgemeines deutsches Handelsgesetzbuch
1868	Vereinheitlichung von Maßen und Gewichten

- Das rasche Wachstum der industriellen Produktion verlangte nach einem **erweiterten Binnenmarkt** als Zuliefer- und Absatzgebiet ohne hemmende Zollschranken und innere Grenzen.
- Der **Eisenbahnbau** als industrieller Leitsektor schuf schnelle Verbindungen zwischen den zum Teil weit auseinanderliegenden Gebieten Deutschlands.

- Die **wachsende Mobilität der Menschen** (Binnenwanderung von Arbeitskräften) öffnete den Horizont für überregionale Zusammenhänge.
- Eine vielfältige **Presselandschaft** sorgte für eine länderübergreifende Kommunikation, die das nationale Bewusstsein förderte.

Die zeitgenössische Karikatur thematisiert das Niederreißen von Handelsschranken durch den Deutschen Zollverein.

1.1.3 Preußisch-österreichischer Dualismus

Ein weiterer Impuls zur Lösung der nationalen Frage ging vom seit Langem schwelenden preußisch-österreichischen Dualismus aus. Ab 1815 war Österreich die Vormacht im Deutschen Bund und führte auch den Vorsitz beim Bundestag zu Frankfurt. Doch mit wachsendem wirtschaftlichem Erfolg versuchte Preußen, Österreich diese Stellung streitig zu machen. Ein wichtiger Schritt zu einer ersten Abgrenzung von der Habsburgermonarchie war bereits 1834 mit der Gründung des Zollvereins getan, an dem diese nicht beteiligt war. Nach der Revolution von 1848/49 und dem Wiedererstarken der beiden alten Vormächte war Österreich daran gelegen, keine Lösung der nationalen Frage zuzulassen, die die Einheit des Vielvölkerstaats infrage stellen könnte. Darüber hinaus wollte es auch weiterhin die Führungsrolle im Deutschen Bund behaupten. Ein deutscher Nationalstaat war also offensichtlich nur im Konflikt mit Österreich zu verwirklichen und gleichzeitig wurde deutlich, dass **Preußen nur mithilfe der deutschen Nationalbewegung zur Führungsmacht in Deutschland** aufsteigen konnte. In einem von Preußen dominierten deutschen Nationalstaat konnte es auch gelingen, die östlichen (ostelbische Gebiete) und westlichen (Rheinland und Westfalen) Landesteile Preußens zusammenzuführen.

Preußische Unionspläne von 1850

Erste von Preußen ausgehende Pläne zur Einbindung der Nationalbewegung und Einrichtung eines preußisch geprägten Nationalstaats scheiterten jedoch. 1850 entwickelten König Friedrich Wilhelm IV. und sein Außenminister Joseph von Radowitz (1797–1853) Konzepte für eine politische Union Deutschlands. Sie war entweder als **engere Union** und damit als deutscher Bundesstaat unter preußischer Führung ohne Österreich gedacht oder als **weitere Union,** das heißt als Zusammenschluss mit der Habsburgermonarchie in einem Staatenbund (gemeinsame Zoll- und Handelspolitik, langfristig auch gemeinsame Außenpolitik). Das **Echo** auf diese Pläne war **zwiespältig:**

- Zustimmung fanden die Pläne bei zahlreichen deutschen Staaten und Teilen der bürgerlichen Nationalbewegung.
- In Erfurt bildete sich ein Unionsparlament, das eine Verfassung ausarbeitete.
- Österreich lehnte die Pläne ab, da es dadurch faktisch aus Deutschland ausgeschlossen worden wäre.

Preußen fühlte sich noch nicht stark genug, den österreichischen Widerstand politisch oder militärisch zu brechen, und musste klein beigeben. Ergebnis war die **Olmützer Punktation** vom 29.11.1850: In ihr verzichtete Preußen auf die Unionspläne und der Deutsche Bund von 1815 wurde wiederhergestellt.

Deutschland und Preußen 1806 bis 1866

Preußisch-österreichischer Dualismus und der Zollverein

Noch im gleichen Jahr versuchte Österreich, den preußischen Plänen auch auf wirtschaftlichem Gebiet einen Riegel vorzuschieben. Es präsentierte das Projekt eines alle deutschen Staaten und das Habsburgerreich umfassenden, durch Zollgrenzen geschützten „Handelsbunds" als Alternative zur 1852 anstehenden Verlängerung des Zollvereins. Doch der Berliner Regierung gelang es, die Mehrheit der Zollvereinsstaaten auf ihre Seite zu ziehen. Diese waren inzwischen wirtschaftlich eng mit Preußen verflochten, wussten die dadurch gestiegenen Steuereinnahmen zu schätzen und betrachteten den streng absolutistischen Habsburgerstaat mit Argwohn. Im April 1852 wurden die Weichen für eine **Verlängerung des Zollvereins** gestellt und im April 1853 wurde sie für weitere zwölf Jahre vollzogen. Die Österreicher blieben ausgeschlossen und mussten sich mit einem Handelsvertrag zufriedengeben. Nach der demütigenden Niederlage von Olmütz hatte sich Preußen diesmal in einer wichtigen Frage gegen den Rivalen im Süden durchgesetzt.

Anfang der 1860er-Jahre verbesserte sich die Stellung Preußens weiter, weil Österreich nach der Niederlage gegen die von Frankreich unterstützte italienische Nationalbewegung merklich geschwächt war. So konnte es wenig dagegen unternehmen, als es bald endgültig zum handelspolitischen Ausland wurde: **Preußen schloss sich** im Vertrauen auf die Leistungsfähigkeit seiner Wirtschaft 1862 vertraglich **einer französisch-britischen Freihandelszone an.** Damit orientierte es sich klar in Richtung des freihändlerischen Westens und erteilte einem möglichen mitteleuropäischen Zollzusammenschluss mit Österreich und damit verbundenen Schutzzöllen eine schroffe Absage. Trotz des heftigen Protests der Österreicher und des Widerstands einiger süddeutscher Zollvereinsmitglieder gelang es Preußen, bei der 1865 fälligen Verlängerung des Zollvereins die Handelsbedingungen der neuen Freihandelszone auf den gesamten Zollverein zu übertragen. Österreich dagegen musste in einen neuen Handelsvertrag zu wesentlich schlechteren Bedingungen als noch 1853 einwilligen. Damit war **Wien wirtschaftlich faktisch aus Deutschland ausgeschieden** – eine wichtige Vorentscheidung im deutschen Einigungsprozess.

1.2 Verfassungskonflikt in Preußen

Seit Anfang der 1860er-Jahre überschattete ein schwerer Verfassungskonflikt, der sich an einer von der Regierung geplanten **Heeresreform** entzündete, die preußische Innenpolitik. Die Regierungsvorlage sah folgende Maßnahmen vor:

- eine **Verdoppelung der Friedensstärke des Heeres** durch die Erhöhung der jährlichen Rekrutenzahlen und die **Verlängerung der Dienstzeit** von zwei auf drei Jahre sowie
- eine faktische **Verschmelzung der Landwehr,** der seit 1813/14 bestehenden Bürgermiliz, **mit den regulären königlichen Truppen.**

Die liberale Mehrheit des preußischen Abgeordnetenhauses, das die für die Reform notwendigen Steuermittel bewilligen musste, stand zwar dem Projekt angesichts der gewachsenen Bedeutung Preußens nicht grundsätzlich ablehnend gegenüber, störte sich jedoch massiv an den damit verbundenen innenpolitischen Konsequenzen:

- der **Stärkung der Macht des Königs im Innern** durch dessen Verfügungsgewalt über ein nur ihm verpflichtetes schlagkräftiges Heer,
- einer zunehmenden **Verselbstständigung des Heeres** gegenüber der bürgerlichen Gesellschaft und
- der Möglichkeit, den Rekruten intensiver als bisher den **Geist von Gehorsam und Loyalität** gegenüber dem Königshaus und der Obrigkeit einzuimpfen.

Im Frühjahr 1862 trat der Konflikt, der sich besonders an der Verlängerung der Dienstzeit entzündete, in seine entscheidende Phase. Die Wahlen zum Abgeordnetenhaus brachten der liberalen Opposition einen überwältigenden Sieg (230 von

352 Sitzen), sodass das Reformprojekt keine Aussicht auf parlamentarische Bewilligung hatte. In dieser ausweglosen Situation dachte der König zunächst an Rücktritt, ernannte dann jedoch den einem märkischen Adelsgeschlecht entstammenden Otto von Bismarck zum neuen Ministerpräsidenten. Dieser war bereit, den Kampf gegen die Opposition aufzunehmen.

Dieses Porträt Otto von Bismarcks zeigt ihn als preußischen Ministerpräsidenten. In dieser Funktion versuchte er die Macht der preußischen Monarchie gegen den aufkommenden Parlamentarismus zu behaupten.

Biografie | **Otto von Bismarck (1815–1898)**

Der preußische Adlige Otto von Bismarck machte schon früh als energischer **Verfechter der königlich-preußischen Politik und des Konservativismus gegen alle liberalen und demokratischen Bestrebungen** von sich reden. Von 1851–59 war er **Vertreter Preußens beim Bundestag** des Deutschen Bundes in Frankfurt, 1859 wurde er Gesandter in St. Petersburg, 1862 in Paris. Im selben Jahr berief ihn König Wilhelm I. zur Lösung des Verfassungskonflikts um die Heeresreform zum **preußischen Ministerpräsidenten.** Bismarck setzte sich gegen die Liberalen durch und bereitete der kleindeutschen Reichsgründung durch militärische Auseinandersetzungen mit Dänemark, Österreich und Frankreich (Einigungskriege 1864, 1866, 1870/71) den Weg. 1867 wurde Bismarck **Kanzler** des neu gebildeten **Norddeutschen Bundes** und von 1871 bis 1890 des **Deutschen Kaiserreichs.** Innenpolitisch suchte er den Konflikt mit Katholizismus und Sozialismus, außenpolitisch bemühte er sich um eine Sicherung des neuen Staates gegen französische Revanchewünsche. Die von ihm initiierte Sozialversicherung (ab 1883), mit der er die Arbeiterschaft an den Staat binden und der Sozialdemokratie den Boden entziehen wollte, schuf die Grundlagen des modernen Wohlfahrtsstaats. 1890 wurde er vom neuen Kaiser Wilhelm II. wegen politischer Differenzen entlassen und verbrachte die letzten Lebensjahre auf seinem Gut Friedrichsruh.

Bismarck kämpfte gegen die Opposition, indem er ohne parlamentarisch bewilligten Etat gegen das Parlament und weite Teile der Öffentlichkeit regierte. Er konnte sich auf König, Heer und Beamtenschaft stützen. Sein Vorgehen legitimierte er mit der sog. **Lückentheorie:** Die preußische Verfassung weise bei einem solchen Konfliktfall eine Lücke auf. Daher müsse die Regierung zum Erhalt der Handlungsfähigkeit des Staates das Heft in die Hand nehmen und die Heeresreform durchführen. Vor der Budgetkommission des Abgeordnetenhauses rechtfertigte sich Bismarck Ende September 1862 mit deutlichen Worten:

Nicht auf Preußens Liberalismus sieht Deutschland, sondern auf seine Macht. [...] Preußens Grenzen, nach den Wiener Verträgen, sind zu einem gesunden Staatsleben nicht günstig. Nicht durch Reden und Majoritätsbeschlüsse werden die Fragen der Zeit entschieden – das ist der Fehler von 1848 und 1849 gewesen –, sondern durch Eisen und Blut.

Ergebnisse des Verfassungskonflikts

- Bismarck setzte sich durch und die **Heeresreform** wurde **realisiert.**
- Die **liberale Opposition,** die einen revolutionären Aufstand oder andere Protestaktionen (Steuerstreiks, Massenmobilisierungen) scheute, wurde **geschwächt.**
- Bismarck und der König besaßen mit dem reorganisierten Heer nun eine **schlagkräftige Waffe bei künftigen außenpolitischen Konflikten.**

1.3 Preußische Kriege mit Dänemark und Österreich

Nach der wirtschaftlichen Isolierung Österreichs, dem Sieg über die liberale Opposition und dem Ausbau des Heers ging Bismarck daran, Preußen unter Zuhilfenahme der liberalen Nationalbewegung endgültig zur dominierenden Macht in Deutschland zu machen. Dabei kalkulierte er einen kriegerischen Konflikt mit Österreich durchaus ein, wie seine „Eisen-und-Blut-Formel" von 1862 deutlich macht. Die außenpolitischen Rahmenbedingungen waren günstig:

- Nach der **Niederlage Russlands** im **Krimkrieg** bestanden starke Spannungen zwischen dem Zarenreich und **Großbritannien.** Ein gemeinsames Eingreifen der beiden europäischen Flügelmächte, um das Entstehen einer neuen Großmacht im Herzen Europas zu verhindern, war deshalb unwahrscheinlich geworden.
- **Frankreich** unter Napoleon III. (1809–73) taktierte zwischen Wien und Berlin, um als „lachender Dritter" von einem möglichen Konflikt zu profitieren.
- **Österreich** war nach der Niederlage im italienischen Einigungskrieg von 1859 geschwächt und sah sich mit weiteren Forderungen konfrontiert, im Habsburger Besitz befindliche italienische Gebiete (Venetien, Südtirol, Istrien) abzutreten.

Basiswissen Krimkrieg (1853–56)

Konflikt zwischen Russland und dem Osmanischen Reich, in den sich auch **Großbritannien und Frankreich** einschalteten, um ein russisches Vordringen zum Bosporus und in den Mittelmeerraum zu verhindern. Nach einer schweren Niederlage musste das Zarenreich im Frieden von Paris seine Ambitionen aufgeben und verlor seine bedeutende Stellung im europäischen Konzert der Mächte.

Langfristige Folgen: österreichisch-russische Feindschaft (Rivalität auf dem Balkan), russisch-britische Spannungen (Rivalität im östlichen Mittelmeerraum), neue Führungsrolle Frankreichs in Europa, Ende des beim Wiener Kongress 1815 etablierten europäischen Mächtesystems.

Deutsch-Dänischer Krieg

Als Initialzündung für die weitere Entwicklung erwies sich der Konflikt zwischen der deutschen und der dänischen Nationalbewegung in Schleswig und Holstein. Der dänische König war zwar in Personalunion Landesherr in den beiden Herzogtümern, doch Holstein gehörte seit 1815 zum Deutschen Bund und Schleswig war ein selbstständiges Fürstentum. **1863 jedoch annektierte der dänische König nach der Verabschiedung einer neuen Verfassung Schleswig,** trennte es von Holstein und integrierte es in den dänischen Gesamtstaat. Die Reaktionen darauf waren heftig:

- Ein Großteil der Schleswig-Holsteiner, die an der Einheit und Eigenständigkeit der beiden Herzogtümer festhielten, protestierte.
- Die deutschen Bevölkerungsteile Schleswigs und die Holsteiner begehrten den Anschluss an ein künftiges Deutsches Reich.
- Die dänischen Bevölkerungsgruppen Schleswigs (Eiderdänen) beharrten auf der Integration Schleswigs in den dänischen Staat.
- Die deutsche Nationalbewegung protestierte und forderte die Unabhängigkeit der Herzogtümer von Dänemark.
- Preußen und Österreich stellten dem dänischen König ein Ultimatum, die Annexion Schleswigs rückgängig zu machen.

Als Dänemark das Ultimatum ablehnte, kam es 1864 zum Krieg, der von Preußen und Österreich gemeinsam geführt wurde, mehrere Monate dauerte und mit einer Niederlage der Dänen endete. Im **Frieden von Wien** (Oktober 1864) **musste Dänemark Schleswig, Holstein und Lauenburg an Österreich und Preußen abtreten,** die die Herzogtümer gemeinsam verwalteten.

Preußisch-Österreichischer Krieg (auch: Deutscher Krieg)

Der gemeinsame Kampf gegen Dänemark konnte die weiterhin bestehende Rivalität zwischen den beiden deutschen Großmächten nur vorübergehend überdecken. Bald kam es zu neuen Spannungen, die Bismarck zum Teil bewusst schürte.

- Nach Streitigkeiten über die gemeinsame Verwaltung Schleswigs und Holsteins einigte man sich im Sommer 1865 in der **Konvention von Gastein** auf eine Neuregelung: Preußen übernahm Schleswig und Österreich Holstein als Verwaltungsgebiet – eine Regelung, die weiteren Konfliktstoff in sich barg.
- Im April 1866 schloss Bismarck ein **Bündnis mit Italien,** das von Österreich als Affront empfunden werden musste.
- Zur gleichen Zeit beantragte Preußens Vertreter beim Deutschen Bundestag die Bildung eines aus allgemeinen und direkten Wahlen hervorgegangenen Parlaments zur Erörterung einer **Bundesreform,** was eine existentielle Bedrohung für den Vielvölkerstaat Österreich darstellte.
- Österreich rief im Juni 1866 den Bundestag zur Klärung der strittigen Probleme in Schleswig und Holstein an. Das verstand Preußen als Bruch der Konvention von Gastein, ließ **Truppen in Holstein einmarschieren** und veröffentlichte einen **Plan zur Neuordnung des Deutschen Bundes ohne Österreich.**
- Daraufhin mobilisierte Österreich nach einem mehrheitlichen Beschluss des Bundestages die Truppen des Deutschen Bundes zur **Bundesexekution gegen Preußen.**

- Preußen erklärte den Deutschen Bund für erloschen und machte ebenfalls mobil. Der Entscheidungskrieg ließ sich nicht mehr vermeiden.

Die Kontrahenten waren Preußen und weitere 17 kleinere nord- und mitteldeutsche Bundesstaaten einerseits und Österreich, dem sich die drei süddeutschen und die beiden hessischen Staaten sowie Sachsen und Hannover anschlossen, andererseits.

Kriegsverlauf

- Niederlagen der hannoverschen Armee bei Langensalza und der bayerischen Truppen an der böhmischen Grenze;
- **Entscheidungsschlacht bei Königgrätz** in Nordostböhmen (3.7.1866) und überlegener Sieg der preußischen Truppen über die österreichisch-sächsischen Verbände in einer der blutigsten Schlachten des 19. Jahrhunderts.

Gründe für den preußischen Sieg

- Keine einheitliche strategische Konzeption der österreichischen Seite;
- **überlegene Strategie der Preußen** unter Generalstabschef Helmuth von Moltke (1800–91): getrennter Aufmarsch von drei preußischen Armeen in raschem Tempo unter Nutzung der Eisenbahn und ihre Vereinigung bei Königgrätz („getrennt marschieren – vereint schlagen");
- **Reorganisation und Modernisierung des preußischen Heeres** (Zündnadelgewehr, das eine höhere Feuergeschwindigkeit erlaubte; erstmals Einsatz von Telegrafie und Fernschreibern).

Schlacht von Königgrätz 3. Juli 1866: König Wilhelm (in der Mitte im Vordergrund) überreicht seinem Sohn den Orden Pour le Mérite. Von links, zu Pferd: General Leonhard von Blumenthal, Friedrich (III.), Wilhelm I., Kriegsminister Albrecht von Roon, Bismarck, Generalstabschef Helmuth von Moltke. – Lithografie nach Aquarell, 1898, von Georg Koch (1857–1927).

1.4 Neuordnung Mitteleuropas nach 1866

Nach der Kriegsentscheidung bei Königgrätz konnte Bismarck Mitteleuropa nach preußischen Vorstellungen neu ordnen. Das Ergebnis war eine Aufteilung des untergegangenen Deutschen Bundes in drei politische Blöcke.

Österreich

Bismarck setzte maßvolle Friedensbedingungen für Österreich durch, um Wiener Revanchegelüsten und einem möglichen Eingreifen Frankreichs gegen die neue Großmacht östlich des Rheins vorzubeugen. Die Donaumonarchie, die außer Venetien keine Gebietsverluste hinnehmen musste, **schied** allerdings für die Zukunft **aus der politischen Entwicklung Deutschlands aus (Prager Friede** vom 23.8.1866) und konzentrierte sich auf Südosteuropa.

Ausdehnung Preußens

Preußen annektierte Schleswig und Holstein sowie die Territorien der österreichischen Bundesgenossen nördlich der Mainlinie (außer Sachsen und Hessen-Darmstadt). Damit besaß es erstmals ein **zusammenhängendes Staatsgebiet** von der Memel bis zum Rhein. Gleichzeitig verschob sich sein **Schwerpunkt** deutlich nach **Westen** (höhere Wirtschaftskraft und Bevölkerungszahl westlich der Elbe).

Bildung des Norddeutschen Bundes

Mit den verbleibenden nord- und mitteldeutschen Staaten schloss Preußen den **Norddeutschen Bund,** der alle Gebiete nördlich des Mains umfasste. Die Verfassung dieses neuen Bundesstaats wurde von Bismarck ausgearbeitet, von einem konstituierenden Reichstag und den Regierungen der beteiligten Länder angenommen und zum 1.7.1867 in Kraft gesetzt. Mit rund 80 % Gebiets- und Bevölkerungsanteil dominierte Preußen das neue Staatsgebilde. **Kennzeichen** des Norddeutschen Bundes waren:

- **Bundesstaat** mit föderalistischen und zentralistischen Elementen;
- **Reichstag als Legislative,** nach dem **allgemeinen, gleichen, direkten und geheimen Männerwahlrecht** gewählt (von Bismarck zur Befriedigung liberaler Wünsche in der geheimen Hoffnung auf konservative Mehrheiten eingeführt), mit ausschließlich legislativer Kompetenz und ohne Einfluss auf die Bestimmung oder Abberufung der Regierung;
- von den Mitgliedsländern beschickter **Bundesrat als Exekutive** und Regierungsspitze, in den **Preußen** 17 von 43 Vertretern schickte, den **Vorsitz** führte und mit **Bismarck** auch den **Bundeskanzler** stellte;
- **Dominanz der Präsidialmacht Preußen,** vor allem völkerrechtliche Vertretung des Bundes, Recht zum Vertragsabschluss mit anderen Staaten, Entscheidung über Krieg und Frieden und Oberbefehl über die Streitkräfte des Bundes.

Süddeutsche Staaten

Die süddeutschen Staaten waren nun formal zwar souverän, verknüpften ihr Schicksal aber schon bald mit dem Norddeutschen Bund. Dafür sprachen drei Gründe:

- Sie verfügten über keine Führungsmacht, die ähnlich stark wie Preußen gewesen wäre.
- Der deutsche Nationalismus war auch in Süddeutschland stark und schloss ein engeres Zusammengehen mit Frankreich aus.
- Der Süden war wirtschaftlich bereits eng mit dem Norden verzahnt (95 % des süddeutschen Exports ging über die entsprechenden Schienen- und Wasserwege nach bzw. über Norddeutschland, Berlin war das Zentrum des Kapitalmarkts).

Daher schlossen die süddeutschen Staaten bereits im August 1866 geheime **Schutz- und Trutzbündnisse mit Preußen,** wobei Bismarck die mögliche Gefahr französischer Gebietswünsche im südlichen Deutschland ins Spiel brachte. Die Süddeutschen mussten die preußische Heeresverfassung übernehmen und ihre Truppen im Kriegsfall dem preußischen Oberkommando unterstellen.

Auch wirtschaftlich wurde Süddeutschland institutionell mit dem Norddeutschen Bund verklammert. 1867 wurde der **Zollverein erneuert** und zu einer gesamtdeutschen Wirtschaftsunion umgebildet. Die wichtigsten neuen Instanzen waren ein **Zollbundesrat** und ein nach dem Reichstagswahlrecht gewähltes **Zollparlament.** In beiden Gremien führte Preußen den Vorsitz.

So waren die süddeutschen Staaten militärisch und wirtschaftlich eng mit dem Norddeutschen Bund verknüpft. Doch **Vorbehalte gegen den kleindeutschen und preußisch dominierten Einigungsprozess** blieben. So brachten die ersten Wahlen zum neuen Zollparlament im Frühjahr 1868 im Süden einen klaren Sieg der antipreußischen Kräfte (91 von 117 Abgeordneten). Dazu gehörten

- **Liberale,** die sich nicht dem autoritären preußischen Militärstaat unterwerfen wollten,
- **Katholiken,** die eine Dominanz des norddeutschen Protestantismus fürchteten,
- **Partikularisten,** die an der traditionellen Eigenstaatlichkeit festhielten, und
- **bäuerliche Kräfte,** die der modernen Industriegesellschaft, wie sie West- und Norddeutschland repräsentierten, skeptisch gegenüberstanden.

Innenpolitische Folgen in Preußen

Der **preußische Liberalismus** wurde durch die Ereignisse des Sommers 1866 in eine **tiefe Krise** gestürzt. Der verhasste preußische Militärstaat war nach Königgrätz gestärkt und hatte unter Bismarcks Führung das Projekt der nationalen Einigung weit vorangetrieben, für das die Liberalen seit Jahren gekämpft hatten. Der im mitteldeutschen Herzogtum Anhalt lebende Maler Wilhelm von Kügelgen schrieb zwei Tage nach Königgrätz an seinen Bruder:

> Bismarck ist jetzt der populärste Mann in Preußen. Alles schwärmt für ihn, auch die Demokraten. Ich hoffe, er bringt uns ein einiges Deutschland zustande.

Gleichzeitig hatten die Liberalen eine schwere **Wahlniederlage** zu verkraften. Bei der Wahl zum Abgeordnetenhaus, die zufällig am selben Tag wie die Schlacht von Königgrätz stattfand, verloren sie rund 40 % ihrer Sitze, während die Konservativen die Zahl ihrer Abgeordneten vervierfachen konnten. Die beiden politischen Lager waren jetzt etwa gleich stark. Die innenpolitischen Folgen dieser Situation waren gravierend.

Indemnitätsvorlage

Im September 1866 stimmte das Abgeordnetenhaus einem Regierungsantrag auf nachträgliche Billigung (Indemnität) des Verfassungsbruchs von 1862 mit großer Mehrheit zu (230 gegen 75 Stimmen). Die Befürworter kamen aus dem Lager der Konservativen und der gemäßigten Liberalen, die Neinstimmen vom linken Flügel der Liberalen. Der liberale Block war auseinandergebrochen.

Spaltung des Liberalismus

Im Herbst 1866 bildete sich im Abgeordnetenhaus eine „neue Fraktion der nationalen Partei“, aus der im folgenden Jahr die **Nationalliberale Partei** hervorging. Dieser rechte Flügel des Liberalismus bejahte Bismarcks Bemühungen um eine Reichsgründung „von oben“ und war bereit, mit ihm zusammenzuarbeiten, um seine nationalen und liberalen Ziele zu verwirklichen. Im Gründungsprogramm der Partei vom 12.6.1867 heißt es:

Als im vorigen Jahre der alte Bund zusammenbrach und die preußische Regierung den ernsten Willen bekundete, das nationale Band zu erhalten und die deutsche Einheit auf festeren Grundlagen herzustellen, da war es uns nicht zweifelhaft, dass die liberalen Kräfte der Nation mitwirken müssten, wenn das Einigungswerk gelingen und zugleich die Freiheitsbedürfnisse des Volkes befriedigen sollte. Um dieses Zweckes willen waren wir zur Mitwirkung bereit.

Gründung der Freikonservativen Partei

Gleichzeitig spaltete sich aus den Reihen der Konservativen die Freikonservative Partei ab, die sich vor allem aus den agrarkonservativen, bürokratischen und industriellen Führungsgruppen rekrutierte und die politische Neuordnung Deutschlands unter Bismarcks Führung befürwortete.

1.5 Deutsch-Französischer Krieg und Reichsgründung

Die Gründung des Norddeutschen Bundes, die Erweiterung des Zollvereins, die nach 1849 erste Wahl zu einem gesamtdeutschen Parlament, dem Zollparlament, und das rasche wirtschaftliche Zusammenwachsen der verschiedenen Regionen Deutschlands waren wichtige Etappen auf dem Weg zur Vollendung des deutschen Einigungsprozesses. Doch noch gab es erhebliche **Widerstände:**

- **Frankreich** war daran gelegen, das Entstehen einer neuen Großmacht in Europa, die seine eigene Vormachtstellung gefährden könnte, zu verhindern. Ein bewaffneter Konflikt drohte.
- Vor allem in **Bayern und Württemberg** gab es im konservativen und klerikalen Lager massive Vorbehalte gegen Preußen, die von der Bevölkerungsmehrheit geteilt wurden. Nur Baden strebte einen Anschluss an den Norddeutschen Bund an.
- Auch in **Norddeutschland** gab es Widerstand gegen die preußischen Pläne, u. a. bei welfentreuen Hannoveranern, westfälischen Katholiken, traditionsbewussten Schleswig-Holsteinern und entschiedenen Demokraten.

So geriet der Einigungsprozess Ende der 1860er-Jahre ins Stocken. In dieser Situation kam Bismarck eine Entwicklung in Spanien zustatten, die ihn in die Lage versetzte, die Spannungen mit Frankreich zu einem militärischen Konflikt zuzuspitzen. Wichtig war ihm dabei, Frankreich zu einem Angriff zu provozieren, um nicht selbst als Aggressor dazustehen. Er hoffte, dadurch die Nationalgefühle in ganz Deutschland zu wecken und nord- und süddeutsche Truppen gemeinsam ins Feld zu führen.

Anlass des Kriegs

Die **Kandidatur eines Hohenzollernprinzen für den spanischen Königsthron** wurde von Frankreich wegen der Gefahr einer „hohenzollernschen Umklammerung" als Bedrohung empfunden und führte im Sommer 1870 zu scharfen diplomatischen Auseinandersetzungen, die von beiden Seiten bewusst provoziert wurden. Nach dem Verzicht des Hohenzollernprinzen verlangte der französische Botschafter von König Wilhelm I., der zur Kur in Bad Ems weilte, eine bindende Zusage, auch für alle Zukunft eine Hohenzollernkandidatur zu verhindern. Das lehnte der König ab und ließ Bismarck das Verhandlungsergebnis telegrafisch mitteilen. Dieses Telegramm kürzte und bearbeitete Bismarck derart, dass es in Frankreich brüskierend wirken musste, und veröffentlichte es am 13.7.1870 **(Emser Depesche).** Frankreich reagierte entsprechend den damaligen Gepflogenheiten mit der raschen Mobilisierung seiner Streitkräfte und am 19.7.1870 mit der **Kriegserklärung.** Bereits am 16. 7. 1870 hatte die württembergische Baronin Hildegard von Spitzemberg hellsichtig in ihr Tagebuch notiert:

> Unkluger hätten es die Franzosen auch nicht einrichten können: anstatt uns zu spalten, vollziehen sie faktisch die Einigung Deutschlands, die nichts fester kitten wird als dieser gemeinsam geführte, blutige Krieg um die eigene Existenz.

Kriegsverlauf

Eine Woge nationaler Begeisterung erfasste große Teile Deutschlands und auch die süddeutschen Staaten traten – entgegen der Erwartung Frankreichs – an der Seite des Norddeutschen Bundes in den Krieg ein. Unter Führung des preußischen Generalstabschefs Helmuth von Moltke gelang den deutschen Truppen – wiederum mithilfe der Eisenbahn – ein rascher und gut koordinierter Aufmarsch. Nach einigen siegreichen Gefechten brachte die **Schlacht bei Sedan** (1./2.9.1870) eine Vorentscheidung: Die **Franzosen kapitulierten** und Kaiser Napoleon III. geriet in Gefangenschaft. Die Kampfhandlungen – vor allem um Paris – zogen sich noch mehrere Monate hin und endeten schließlich mit der **Kapitulation der Hauptstadt** am 28.1.1871.

Reichsgründung

Bismarck nutzte die Gunst der Stunde und die nationale Euphorie nach dem Sieg von Sedan. In zähen diplomatischen Verhandlungen gelang es ihm im Herbst 1870, die **süddeutschen Fürsten zum Anschluss an den Norddeutschen Bund** zu bewegen. Dabei musste er ihnen freilich einige Sonderrechte, z.B. beim Post- und Eisenbahnwesen sowie die Militärhoheit in Friedenszeiten, einräumen. Die Anschlussverträge wurden umgehend vom norddeutschen Reichstag und den süddeutschen Parlamenten ratifiziert. Zum 1.1.1871 trat die Verfassung des neuen Deutschen Reichs in Kraft, die auf der Verfassung des Norddeutschen Bundes basierte. Am 18.1.1871 wurde der **preußische König** im Spiegelsaal des Schlosses von Versailles feierlich als Wilhelm I. **zum Deutschen Kaiser** proklamiert. Es war eine Reichsgründung der Fürsten „von oben" und – trotz aller nationaler Begeisterung – keine des Volkes „von unten".

1

Vorfriede von Versailles und Friede von Frankfurt

In zwei Friedensverträgen vom 26.2.1871 und vom 10.5.1871 diktierte das Deutsche Reich als Siegermacht Frankreich harte Friedensbedingungen:

- **Abtretung von Elsass-Lothringen,** das als Reichsland ins Reich eingegliedert und von Berlin aus direkt verwaltet wurde;
- Zahlung einer **Kriegsentschädigung** in Höhe von **fünf Milliarden Francs** durch Frankreich.

Folgen des Friedensvertrages

- Langfristige Belastung des deutsch-französischen Verhältnisses, **Erbfeindschaft** zwischen den beiden Ländern;
- **Revanche** für die Niederlage und **Rückgewinnung von Elsass-Lothringen** als Leitziele der französischen Politik gegenüber Deutschland.

Chronologie	Stationen des Reichsgründungsprozesses
1862	**Verfassungskonflikt in Preußen:** Bismarck setzt die Heeresreform gegen den Widerstand der liberalen Parlamentsmehrheit durch.
1864	**Deutsch-Dänischer Krieg:** Schleswig und Holstein kommen unter preußische bzw. österreichische Verwaltung.
1866	**Preußisch-Österreichischer Krieg:** Nach der Schlacht von Königgrätz (3.7.) scheidet Österreich aus Deutschland aus. Preußen und die süddeutschen Staaten schließen Schutz- und Trutzbündnisse.
1867	**Gründung des Norddeutschen Bundes** unter Führung Preußens; **Erneuerung des Zollvereins** unter Einbeziehung der süddeutschen Staaten mit Bildung eines gesamtdeutschen Zollparlaments.
1867	Gründung der **Nationalliberalen und der Freikonservativen Partei** in Preußen, die mit Bismarck kooperieren.
1870/71	Deutsch-Französischer Krieg und **Gründung** des **Deutschen Kaiserreichs** (Verfassung zum 1.1.1871 in Kraft getreten)

2
Kaiserreich – Verfassung und Innenpolitik

2.1
Reichsverfassung

Die Verfassung des Deutschen Kaiserreichs basierte auf der von Bismarck konzipierten Staatsordnung des Norddeutschen Bundes. Sie spiegelte den Gründungsprozess wider und war ein **Kompromiss zwischen den Interessen der verschiedenen beteiligten Gruppen.** Das Urteil über den Charakter des Kaiserreichs fällt – je nach Standpunkt des Betrachters – höchst verschieden aus. Für die einen war es „ein mit parlamentarischen Formen verbrämter, mit feudalem Besitz vermischter, schon von der Bourgeoisie beeinflusster, bürokratisch gezimmerter, polizeilich gehüteter Militärdespotismus“ (Karl Marx 1875), für die anderen stellte es „mit seiner Vereinigung von Monarchie und Demokratie [...] den bestkonstruierten Staat aller Zeiten“ dar (der Historiker Hans Delbrück 1923).

Staatsrechtlich gesehen war das Deutsche Reich eine **konstitutionelle Monarchie** in der Form eines **Bundesstaats.** In seiner Verfassung waren **monarchisch-autoritäre, föderalistische, parlamentarisch-demokratische und parteienstaatliche Elemente** miteinander verwoben.

Bundesstaat mit preußischem Vorrang

Das Reich war durch den gemeinsamen Gründungsakt von 22 Fürsten deutscher Staaten und der drei Freien Städte Hamburg, Lübeck und Bremen zustande gekommen. Diese hatten dadurch einen Teil ihrer Souveränität an das neue Reich abgetreten, in vielen Bereichen jedoch innere Autonomie behalten. Ein Kernelement des Gesamtsystems war die **institutionell abgesicherte Hegemonie Preußens,** das zwei Drittel des Reichsgebiets umfasste und knapp zwei Drittel der Reichsbevölkerung stellte.

- **Erbkaisertum der Hohenzollern:** Der erbliche Kaisertitel blieb dem Haus Hohenzollern bzw. dem preußischen König vorbehalten. Im Lauf der Zeit entwickelte sich der Kaiser mehr und mehr zu einer Identifikationsfigur des Reichs.
- **Identität von Reichskanzler und preußischem Ministerpräsidenten:** Das Amt des Reichskanzlers war an das des preußischen Ministerpräsidenten gekoppelt. Der Kanzler hatte als Chef der von ihm ernannten Reichsregierung, Leiter des Außenministeriums und Vorsitzender des Bundesrats eine Schlüsselstellung inne. Er war fast ausschließlich auf das Vertrauen des Monarchen angewiesen. Gegenüber dem Reichstag besaß er eine weitgehende Autonomie.

- **Dominanz im Bundesrat:** In der aus 58 Delegierten der 25 Bundesstaaten bestehenden Ländervertretung, dem Bundesrat, stellte Preußen 17 Vertreter und besaß ein Vetorecht in Grundsatzfragen. Außerdem schlugen sich die nord- und mitteldeutschen Kleinstaaten, die vielfach von Preußen abhängig waren, bei Abstimmungen meist auf die Seite Preußens.

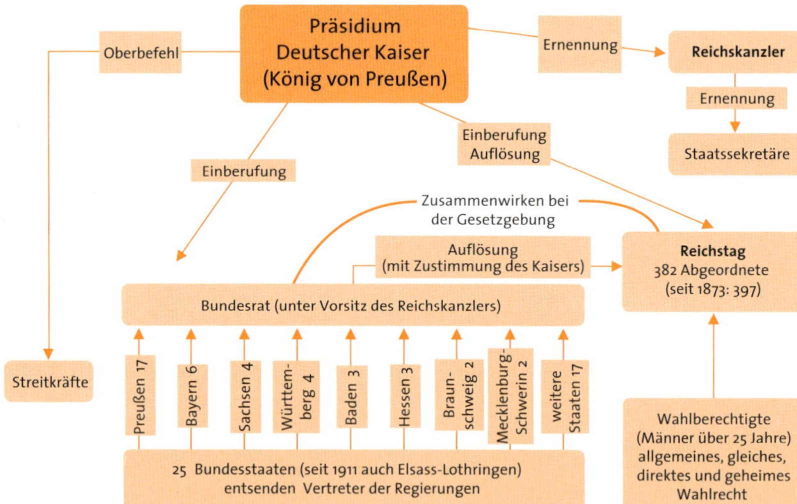

Verfassung des Deutschen Reiches von 1871

Monarchisches Prinzip

Ein wesentliches Element der Reichsverfassung war die Absicherung des monarchischen Prinzips. In der Hand des Monarchen lagen die entscheidenden Machtinstrumente des Staates, die er in der Regel in vertrauensvoller Abstimmung mit dem Reichskanzler anwandte:

- das Recht zur **Ernennung und Entlassung des Reichskanzlers** und damit der Regierung,
- die letzte **Verfügungsgewalt über den Beamtenapparat,**
- das Recht zur **Einberufung und Auflösung des Reichstags,**
- der **Oberbefehl über die Streitkräfte,**
- die **Entscheidung über Krieg und Frieden,**
- die **völkerrechtliche Vertretung des Reichs** nach außen sowie
- das Recht zum **Abschluss von Verträgen mit anderen Staaten.**
- Außerdem enthielt die Verfassung **keinen Katalog der bürgerlichen Grundrechte,** durch die der Einzelne vor der Willkür des Staates geschützt werden konnte.

Föderalistische Elemente

Die Sonderinteressen der Länder bzw. der Landesfürsten wurden auf vielfältige Weise gewahrt, nämlich durch

- die **Beibehaltung eigener Landesfürsten und eigener Landesregierungen,** die auch die Delegierten für den Bundesrat bestimmten,
- ihre **innere Autonomie** in den Bereichen **Finanzen, Justiz, Verwaltung und Kultur,**
- ein **eigenes Post- und Eisenbahnwesen** sowie **die Militärhoheit in Friedenszeiten in den süddeutschen Staaten** und
- weitgehende Kompetenzen der Ländervertretung (Bundesrat) im Reich, hierzu zählten die **Mitwirkung an der Gesetzgebung** und die **Berechtigung, den Reichstag** – mit Zustimmung des Kaisers – **aufzulösen.**

Parlamentarisch-demokratische Elemente

Trotz der Unabhängigkeit der Regierung vom Parlament hatte der ab 1874 aus 397 Abgeordneten bestehende Reichstag wichtige Kompetenzen, die er auch im Lauf der Zeit immer besser zu nutzen wusste. Die ständig steigende Wahlbeteiligung ist ein Indiz dafür, dass seine Bedeutung auch von der Bevölkerung mehr und mehr gewürdigt wurde.

- **Gesetzgebung und Budgetrecht** sind zentrale Rechte des Parlaments. Allerdings hatte der Reichstag nicht das Recht zu eigenen Gesetzesinitiativen, sondern konnte nur über von der Regierung vorgelegte Gesetzentwürfe abstimmen.
- Außerdem konnte der Reichstag durch **Anträge, Resolutionen, Petitionen und Debatten** in Presse und Öffentlichkeit eine beträchtliche Wirkung erzielen.
- Die verschiedenen im Reichstag vertretenen **Parteien** entwickelten sich zu **Trägern des politischen Handelns,** auf die die Regierung zunehmend Rücksicht nehmen musste, und zu Verbindungsgliedern zwischen Bevölkerung, Öffentlichkeit und Parlament.
- Durch das **allgemeine, gleiche, direkte und geheime Männerwahlrecht** war – mit gewissen Einschränkungen – erstmals ein demokratischer Einfluss breiter Bevölkerungskreise auf das politische Geschehen möglich.

Das Wahlsystem im Deutschen Reich

Das Wahlsystem war mit dem **allgemeinen, gleichen, direkten und geheimen Wahlrecht für Männer über 25 Jahre** für die Zeit recht fortschrittlich. In den meisten anderen europäischen Staaten und auch in vielen Reichsländern galten noch eingeschränkte Wahlrechtssysteme, z. B. in Preußen das Dreiklassenwahlrecht. Das Reichstagswahlrecht wies jedoch zwei Besonderheiten auf, die bestimmte Bevölkerungsschichten und Parteigruppierungen benachteiligten:

- **Es gab ein Mehrheitswahlsystem mit Stichwahl.** Pro Wahlkreis wurde ein Abgeordneter in den Reichstag entsandt. Erhielt im ersten Wahlgang kein Kandidat die erforderliche absolute Mehrheit, fand eine Stichwahl zwischen den beiden Spitzenreitern statt. Das führte vor allem in den Städten oft dazu, dass im ersten Wahlgang ein SPD-Kandidat die Mehrheit der Stimmen erhielt, während sich die übrigen Stimmen auf Kandidaten der konservativen und bürgerlichen Parteien verteilten. Im zweiten Wahlgang konzentrierten sich dann deren Stimmen auf einen gemeinsamen Kandidaten, sodass der SPD-Kandidat das Nachsehen hatte.

- **Die Wahlkreiseinteilung wurde im Lauf der Zeit ungerecht.** Man passte die anfangs gleichmäßige Wahlkreiseinteilung dem raschen Bevölkerungswachstum in den Städten nicht an, sodass dort nach und nach immer mehr Wahlberechtigte auf einen Abgeordneten entfielen. So entsandten Anfang des 20. Jahrhunderts z. B. die überwiegend ländlichen ostpreußischen Bezirke Königsberg und Gumbinnen 17 Abgeordnete, während Berlin bei gleicher Bevölkerungszahl nur sechs Abgeordnete stellte – eine Benachteiligung für die städtischen Wähler, besonders die Arbeiterschaft und die von ihr favorisierte SPD.

Basiswissen Dreiklassenwahlrecht in Preußen

Das preußische Dreiklassenwahlrecht war indirekt (über Wahlmänner), ungleich und öffentlich. Es galt von 1848 bis 1918 und war ein auf den Vermögensverhältnissen der Wähler basierendes **Zensuswahlrecht.** Man nahm eine Dreiteilung der Wählerschaft nach ihrer Steuerleistung vor: Zum Beispiel umfasste um 1890 die erste Steuerklasse 3,6 %, die zweite 10,8 % und die dritte 85,6 % der Wahlberechtigten. Jede Klasse stellte ein Drittel der Abgeordneten.

Im Königreich Sachsen gab es ab 1868 ein gleiches Männerwahlrecht, das an einen mäßigen Zensus geknüpft war: Wahlberechtigt waren alle Männer, die mindestens einen Taler direkter Steuern an den sächsischen Staat zahlten. Nach dem Erstarken der SPD wurde 1896 ein Dreiklassenwahlrecht nach preußischem Vorbild eingeführt, sodass die Stimmen der SPD-Wähler in den unteren Klassen deutlich weniger Gewicht erhielten. Die Satirezeitschrift „Der Wahre Jacob“ fragte 1902 kritisch „Wer wiegt mehr?“.

2.2 Die Parteien im Kaiserreich

Der Reichstag war auch die Plattform der Parteien, die sich im Lauf der Zeit immer deutlicher als politische Kräfte profilierten. Erste lockere Gruppierungen hatte es bereits seit etwa 1840 und dann vor allem während der Revolution von 1848/49 gegeben, doch erst im Zusammenhang mit dem Reichsbildungsprozess entstand auch ein Parteiensystem, das – mit kleinen Veränderungen – für die deutsche Innenpolitik bis zum Ende der Weimarer Republik maßgebend bleiben sollte.

Allgemeine Merkmale des Parteisystems im Kaiserreich

- Parteien waren vor allem **Vertreterinnen der gesellschaftlichen, wirtschaftlichen und politischen Interessen** bestimmter sozialer Gruppen, also keine Volksparteien moderner Prägung.
- Sie bestanden anfangs meist nur aus **lockeren Fraktionsgemeinschaften** in den jeweiligen Abgeordnetenhäusern, die sich um einen Anführer scharten.
- Sie waren zunächst nur wenig organisierte **Wählerparteien ohne straffe Mitgliederstruktur und Parteibürokratie.** Eine Ausnahme stellte die SPD dar, die in einer feindlichen Umwelt schon früh auf eine feste Organisationsstruktur Wert legte.
- Mit Ausnahme der SPD waren sie vorwiegend **Honoratiorenparteien,** d.h. informelle Zusammenschlüsse einer kleinen Gruppe angesehener Führungspersönlichkeiten.
- In **Bismarcks** Augen waren sie keine eigenständigen politischen Kräfte, sondern eine je nach Bedarf zu manipulierende oder zu nutzende **Manövriermasse für seine eigenen politischen Zwecke.**

Die Parteien im Kaiserreich

Im Folgenden sind die wichtigsten Parteien des Kaiserreichs zusammengestellt und ihre Charakteristika (Programmatik, soziale Zusammensetzung, Wählerschaft) kurz erläutert. Daneben gab es noch ein paar kleinere Splittergruppen, vor allem Vertretungen nationaler Minderheiten (Dänen, Polen, Elsass-Lothringer) und hannoverscher Welfen; ab etwa 1890 kamen noch Vertretungen diverser Bauernbünde und antisemitischer Gruppierungen hinzu.

- **Deutsche Fortschrittspartei:** gegründet 1861, 1884 ging sie in der **Deutschen Freisinnigen Partei** auf; linksliberal und demokratisch; soziale Basis im Bildungsbürgertum (Richter, Beamte, freiberufliche Akademiker); Honoratiorenpartei; Wählerschaft aus dem städtischen und protestantischen Milieu.
- **Nationalliberale Partei:** gegründet 1867; rechtsliberal und staatstreu; Basis vor allem im nationalbewussten Wirtschaftsbürgertum; bis 1881 stärkste Fraktion im Reichstag und parlamentarische Stütze der bismarckschen Politik.
- **Deutschkonservative Partei:** gegründet 1876; Sammelbecken der monarchistischen und antiliberalen Kräfte, zunächst eher Standesvertretung als Parteiorganisation; soziale Basis bei den preußischen Großgrundbesitzern; Wählerschaft auch aus der königstreuen protestantischen Geistlichkeit und der hohen Bürokratie.
- **Deutsche Reichspartei:** gegründet 1867 als **Freikonservative Partei,** 1871 umbenannt; Unterstützerin der Reichseinigung und der Regierungspolitik; soziale Basis bei unternehmerisch tätigen Großgrundbesitzern, Schwerindustriellen und hohen Beamten vornehmlich in Schlesien und Rheinpreußen.
- **Deutsche Zentrumspartei:** gegründet 1871; Partei des politischen Katholizismus; vor allem Geistliche, Beamte und Gutsbesitzer als Vertreter; Wählerschaft aus dem katholischen Milieu des Mittel- und Kleinbürgertums und auf dem Land, zum Teil auch aus der Arbeiterschaft; Schwerpunkte vor allem in Süd- und Westdeutschland und Oberschlesien; 1881 bis 1912 stärkste Fraktion im Reichstag.
- **Sozialistische Arbeiterpartei Deutschlands (SAP, SAPD):** gegründet 1875, hervorgegangen aus dem Zusammenschluss des 1863 gegründeten **Allgemeinen Deutschen Arbeitervereins** (ADAV) und der 1869 gegründeten **Sozialdemokratischen**

Arbeiterpartei (SDAP); Partei der Arbeiterklasse mit marxistisch-sozialistischem Programm; in strikter Opposition zur Reichsregierung; Wählerschaft vor allem aus der städtischen Industriearbeiterschaft; ab 1912 stärkste Fraktion im Reichstag.

2.3 Kulturkampf

In den ersten Jahren des Kaiserreichs bestimmte eine heftige **Auseinandersetzung zwischen Preußen sowie einigen anderen Reichsländern** auf der einen **und der katholischen Kirche** auf der anderen Seite die im Wesentlichen von Bismarck gesteuerte Innenpolitik. Der Streit war zwar eigentlich nur Landessache, strahlte aber auf das ganze Reich aus. Betroffen davon war auch die neu gegründete katholische Zentrumspartei, die sich im Reichstag für den von italienischen Nationaltruppen besetzten Kirchenstaat stark gemacht hatte. In dieser Partei sah Bismarck eine Interessenvertretung ultramontaner (von jenseits der Alpen gesteuerter) und dem Reich kritisch oder gar feindlich gegenüberstehender partikularistischer Kräfte.

Der berühmte Arzt Rudolf Virchow (1821–1902), Führer der Fortschrittspartei, prägte für den Konflikt das Schlagwort vom **Kulturkampf.** Damit meinte er die Auseinandersetzung zwischen den Errungenschaften der modernen Welt, der Aufklärung, der Demokratie und der Wissenschaft und dem rückschrittlichen Geist von Vernunftfeindschaft, blindem Glauben und Obrigkeitsgehorsam, für die aus seiner Sicht die katholische Kirche und der päpstliche Autoritätsanspruch standen. Die Liberalen bezeichneten diese Geisteshaltung mit dem Sammelbegriff **Ultramontanismus.** In einem Wahlaufruf der Fortschrittspartei vom 23.3.1873 unterstrich Virchow die historische Dimension des Konflikts:

> [Die Fortschrittspartei hat es] als eine Nothwendigkeit erkannt, im Verein mit den anderen liberalen Parteien die Regierung in einem Kampfe zu unterstützen, der mit jedem Tage mehr den Charakter eines großen Culturkampfes der Menschheit annimmt.

Hintergrund dieses Streits, der starke Wellen in der Öffentlichkeit schlug, bildeten vier Motive:

- der **Konflikt zwischen dem Herrschaftsanspruch des modernen Staates und dem Allmachtsanspruch der katholischen Kirche,** wie er im „Syllabus errorum" von Papst Pius IX. (1792–1878) und dem Unfehlbarkeitsdogma des 1. Vatikanischen Konzils von 1870 ultimativ bekräftigt wurde;
- das Bestreben, **das heterogene Reich** durch die Abgrenzung und Bekämpfung von angeblich reichsfeindlichen Kräften **innerlich** im obrigkeitlich-preußischen Sinn **zu konsolidieren;**
- das Anliegen, **die Liberalen,** die bis 1877 die absolute Mehrheit im Reichstag und in vielen Landesparlamenten stellten, in die Regierungspolitik **einzubinden** und
- eine mögliche **Verbindung zwischen katholischen Bevölkerungsgruppen** im Reich (Süddeutsche, Elsässer, Polen) und den **katholischen Mächten** Österreich und Frankreich zu verhindern.

Basiswissen **Syllabus errorum und Unfehlbarkeitsdogma**

Papst Pius IX. machte es sich während seines knapp 32 Jahre dauernden Pontifikats zur Aufgabe, die Dogmen und die Stellung der katholischen Kirche sowie die des Papstes gegen die – vor allem in den Industriestaaten – um sich greifende Säkularisierung in Gesellschaft, Staat, Kultur und Wissenschaft zu verteidigen. Wesentliche Elemente seiner Kirchenpolitik waren:

- das **Dogma von der unbefleckten Empfängnis** Marias (1854); Maria galt damit als frei von der Erbsünde; dadurch wurde die in der traditionellen Volksfrömmigkeit tief verankerte Marienverehrung unterstützt;
- der **Syllabus errorum** von 1864, ein Verzeichnis der angeblichen Irrtümer der Moderne, in dem in 80 Thesen u. a. Rationalismus und Naturalismus, die Vorstellung von der Gleichberechtigung der Religionen, Kommunismus und Sozialismus, die Trennung von Staat und Kirche, liberale Vorstellungen von Religions- und Meinungsfreiheit und die Idee einer religionslosen Moral verurteilt wurden;
- das vom 1. Vatikanischen Konzil 1870 beschlossene **Unfehlbarkeitsdogma,** wonach der Papst unfehlbar ist, wenn er in Ausübung seines Amts den Gläubigen bestimmte Lehrsätze des Glaubens und der Sitte feierlich als anzuerkennende vorschreibt.

Die zeitgenössische Karikatur stellt den „Kulturkampf" als Schachspiel zwischen Papst Pius IX. und Reichskanzler Otto von Bismarck dar.

Parlamentarische Unterstützung fand Bismarck vor allem **bei den Liberalen,** die aus weltanschaulicher Überzeugung grundsätzlich auf der Seite der modernen Gesellschaft und des Fortschritts standen und für die die katholische Kirche ein Hort des wissenschaftsfeindlichen Aberglaubens und eine Unterdrückerin der individuellen Selbstbestimmung des Menschen war. Mit der Mehrheit der Liberalen wurde zwischen 1871 und 1875 ein ganzes Bündel von Landes- bzw. Reichsgesetzen beschlossen, durch die der politische Einfluss der katholischen Geistlichkeit eingedämmt und die Kompetenzen des Staates ausgedehnt werden sollten.

2

Chronologie **Kulturkampfgesetze**

1871 **Kanzelparagraf:** Ein Reichsgesetz verbot politische Kanzelreden, die den „öffentlichen Frieden" zu stören vermochten.

1872 **Schulaufsichtsgesetz:** In Preußen wurde die bis dahin von protestantischen und katholischen Geistlichen ausgeübte Aufsicht über die öffentlichen Schulen staatlichen Schulaufsichtsbeamten übertragen.

1872 **Jesuitengesetz:** Der Jesuitenorden, den man als Kampforganisation des Papstes ansah, wurde reichsweit verboten.

1873 **Maigesetze:** Für die Übernahme eines geistlichen Amtes wurden in Preußen das Reifezeugnis eines deutschen Gymnasiums, das Studium an einer deutschen Universität und die Ablegung eines „Kulturexamens" in Philosophie, Geschichte und deutscher Literatur verpflichtend. Die preußischen Behörden erhielten ein Einspruchsrecht gegen die Stellenbesetzungen und die kirchliche Disziplinargewalt wurde auf deutsche Kirchenbehörden und in letzter Instanz auf einen königlichen Kirchengerichtshof übertragen.

1874 **Zivilstandsgesetz:** Die Beurkundung von Geburten, Heiraten und Sterbefällen wurde von den Kirchen auf die neu eingerichteten Standesämter übertragen. Das ursprünglich nur für Preußen geltende Gesetz wurde 1875 vom Reich übernommen.

1874 **Expatriierungsgesetz:** Das auf Reichsebene gültige Gesetz erlaubte den Regierungen, den Aufenthaltsort von Geistlichen zu beschränken oder sie aus dem Reich auszuweisen.

1875 **Brotkorbgesetz:** In Preußen wurden die staatlichen Geldzuwendungen an die katholische Kirche gesperrt.

1875 **Klostergesetz:** Auf preußischem Boden wurden die Niederlassungen aller katholischen Orden (mit Ausnahme der reinen Krankenpflegeorden) geschlossen.

Obwohl 1876 alle preußischen Bischöfe verhaftet oder ausgewiesen und rund ein Viertel der katholischen Pfarrstellen unbesetzt waren, **blieb doch der erhoffte Erfolg aus.** Im Gegenteil: Die Katholiken rückten unter dem Druck staatlicher Verfolgung enger zusammen. Ihre Distanz zum Reich wuchs und die Wählerzahlen der Zentrumspartei nahmen zu. Daher wurde der Kulturkampf ab etwa 1878 nach und nach eingestellt und die schärfsten Zwangsmaßnahmen zurückgenommen. Die Bestimmungen des Kanzelparagrafen, das Verbot des Jesuitenordens und die Einführung der Zivilehe sowie der staatlichen Schulaufsicht blieben jedoch bestehen.

Gründe für den Abbruch des Kulturkampfs

- Der offensichtliche Misserfolg,
- die Inthronisation des neuen, kompromissbereiteren Papstes Leo XIII. (1810–1903, Papst seit 1878), der einen Ausgleich mit Berlin suchte,
- die Kritik konservativer Protestanten, die an der kirchlichen Schulaufsicht festhalten wollten, und von Liberalen, die bürgerliche Grundrechte gefährdet sahen, und

- die von Bismarck ab 1878 forcierte konservative Wende in der Innenpolitik (Abkehr von den Liberalen, verschärfter Kampf gegen die Sozialdemokratie) und die damit zusammenhängende Notwendigkeit einer neuen konservativen Reichstagsmehrheit unter Einschluss des Zentrums (vgl. Kap. 2.4 und 2.5).

2.4 Kampf gegen die Sozialdemokratie und staatliche Sozialpolitik

Als der Kulturkampf abklang, eröffnete Bismarck den Angriff auf eine weitere von ihm als reichsfeindlich ausgemachte Organisation, die deutsche Sozialdemokratie. Die Motive lagen für ihn auf der Hand:

- Der Reichskanzler betrachtete die **Sozialdemokratie** mit ihrer sozialrevolutionären Programmatik als **Gefahr für die bestehende Staats-, Gesellschafts- und Wirtschaftsordnung.** So hatte sich der sozialdemokratische Parteiführer August Bebel z. B. im Mai 1871 im Reichstag ausdrücklich mit der revolutionären Pariser Kommune solidarisiert, einer gewaltsam an die Macht gekommenen sozialistischen Stadtregierung in Paris, die in Bismarcks Augen aus „Mördern und Mordbrennern“ bestand.
- Die Sozialdemokratie beschwor die internationale Solidarität der Arbeiterklasse in allen Ländern, statt sich zum nationalen Staat zu bekennen. Daher galten ihre Anhänger in den Augen Bismarcks und der staatstragenden Gruppen als **vaterlandslose Gesellen** und damit als von vornherein verdächtig.
- Die ab 1873 einsetzende **Wirtschaftskrise** („Gründerkrise“) brachte der Sozialdemokratie Zulauf und beschwor das Gespenst einer „roten Gefahr“.

Biografie **August Bebel (1840–1913)**

August Bebel war von Beruf Drechslermeister und schloss sich schon früh der Arbeiterbewegung an. 1867 wurde er Vorsitzender des Vereinstags Deutscher Arbeitervereine (VDAV). Zusammen mit seinem langjährigen Weggefährten Wilhelm Liebknecht (1826–1900) wandte er sich dem Sozialismus zu und wurde zum Anhänger von Karl Marx und Friedrich Engels. Die beiden gründeten 1866 die radikaldemokratische Sächsische Volkspartei, die 1869 in Eisenach zusammen mit dem VDAV in der **Sozialdemokratischen Arbeiterpartei** (SDAP) aufging.

Ab 1867 war Bebel **Reichstagsmitglied,** zunächst im Norddeutschen Bund, dann im Deutschen Reich. Dort vertrat er eine antipreußische und großdeutsche Position und setzte sich als lebhafter Debattenredner für die Verbesserung der Lage der Arbeiter ein. 1872 wurden Bebel und Liebknecht wegen Hochverrats und Majestätsbeleidigung zu **Festungshaft** verurteilt. Nach seiner Haft führte Bebel die 1875 mit dem ADAV zur **Sozialistischen Arbeiterpartei Deutschlands** (SAP, SAPD) zusammengeschlossene Partei (vgl. Kap. 2.2, S. 25 f.) durch die Zeit des Sozialistengesetzes und festigte ihre Organisation. Bebel vertrat anfangs eine eher marxistisch ausgerichtete Position, doch Ende des 19. und Anfang des 20. Jahrhunderts nahm er eine Mittelstellung zwischen den Linksradikalen auf der einen und den reformorientierten Revisionisten auf der anderen Seite ein.

August Bebel (vorn in der Mitte) und andere führende Mitglieder der SPD um 1900. Der Schriftzug im Hintergrund lautet: „Auch im Kriege und durch gemeinschaftliches Durchkämpfen desselben wird ein Volk zum Volk" (Fichte).

Erste Maßnahmen gegen die Sozialdemokratie

In den ersten Jahren bemühten sich die Behörden, führende Sozialdemokraten mithilfe des Strafgesetzes mundtot zu machen. Man stellte sie wegen **staatsgefährdender Umtriebe** und aufrührerischer Reden vor Gericht, wo sie meist wegen Hochverrats oder Majestätsbeleidigung zu **Freiheitsstrafen** verurteilt wurden. Ein Versuch der Regierung, die Sozialdemokratie weiter zu kriminalisieren, scheiterte 1874 zunächst. Der Entwurf eines scharfen Pressegesetzes und der Vorschlag, die „Aufreizung zum Klassenhass" ins Strafgesetzbuch aufzunehmen, fand wegen erheblicher rechtsstaatlicher Bedenken der Liberalen keine Mehrheit im Reichstag.

Das Sozialistengesetz

Im Frühsommer 1878 gaben zwei erfolglose **Attentate auf Kaiser Wilhelm I.,** die man zu Unrecht den Sozialdemokraten anlastete, Bismarck die Möglichkeit, die nötige Reichstagsmehrheit für ein gegen die Sozialdemokratie gerichtetes Sondergesetz zustande zu bringen. Unmittelbar nach den Attentaten veröffentlichte der Berliner Historiker und nationalliberale Reichstagsabgeordnete Heinrich von Treitschke (1834–96) in den „Preußischen Jahrbüchern" einen Artikel mit dem Titel „Der Sozialismus und der Meuchelmord". Darin führte er aus:

> Wir können uns nicht darüber täuschen, die Sozialdemokratie [...] ist zu einer Schule des Verbrechens geworden. [...] Die Sozialdemokratie bildet einen Staat im Staate. [...] Es wird höchste Zeit, dass der Staat für längere Zeit die Vereine der Sozialdemokratie schließt, ihre Zeitungen verbietet, ihre Agenten aus den großen Mittelpunkten der Arbeiterbevölkerung ausweist. Diese Menschen [...] verstehen nur die Sprache der Gewalt.

Da ein erster Entwurf des Sozialistengesetzes im Mai 1878 im Reichstag abgelehnt worden war, ließ Bismarck den Reichstag auflösen und Neuwahlen ausschreiben, die eine Stärkung des konservativen und eine Schwächung des liberalen Blocks ergaben. Der neue Reichstag verabschiedete mit den Stimmen der Konservativen und Nationalliberalen im Oktober 1878 das **Gesetz gegen die gemeingefährlichen Bestrebungen der Sozialdemokratie,** kurz **Sozialistengesetz** genannt.

Bestimmungen des Gesetzes

Das zunächst auf zweieinhalb Jahre befristete Sozialistengesetz wurde mehrmals verlängert und blieb bis 1890 in Kraft. Es enthielt ein Bündel von **gegen die Rechts-**

gleichheit verstoßenden Sonderregelungen. Zwar wurde die SAPD selbst nicht verboten, aber **alle** sozialdemokratischen, sozialistischen und kommunistischen **Vereine und Organisationen, Versammlungen und sonstige Zusammenkünfte** sowie **Presseorgane und Druckschriften.**

Aufgrund dieses Gesetzes konnten Parteimitglieder, -agitatoren und -funktionäre **polizeilich überwacht** und **drangsaliert** sowie gegebenenfalls **verhaftet, zu Freiheitsstrafen verurteilt** oder **außer Landes gewiesen** werden. Allerdings konnten Sozialdemokraten weiterhin als Abgeordnete kandidieren, Wahlkampf führen und zu Parlamentariern gewählt werden, blieben also öffentlich präsent.

Auswirkungen des Sozialistengesetzes

Unter dem Sozialistengesetz mussten die Sozialdemokraten zwar sehr leiden, doch eine Zerschlagung der Partei gelang den Behörden nicht. Die zwölf Jahre der Verfolgung zeitigten zum Teil disparate Ergebnisse.

- **Leid und Verfolgung:** Freiheitsstrafen von insgesamt etwa 1500 Jahren für rund 1500 Sozialdemokraten, ca. 900 Ausweisungen, Verbot von über 330 Arbeiter- und Gewerkschaftsverbänden, Verbot von etwa 1300 Parteizeitungen und Druckerzeugnissen.
- **Wachsende Bedeutung der SPD-Reichstagsfraktion:** Instrument einer kontinuierlichen Parteiarbeit; allmähliche Parlamentarisierung der Partei.
- Verstärktes **Ausweichen bzw. Untertauchen der SPD-Genossen** in Arbeitersport- und Gesangsvereine oder freiwillige Hilfs- und Unterstützungskassen.
- **Entstehen von Exildruckereien:** Druck des neuen Parteiorgans „Sozialdemokrat" und weiterer Parteischriften im Exil in der Schweiz, von dort geheime Verteilung in ganz Deutschland an die Abonnenten durch die sog. Rote Feldpost.
- **Distanzierung vom herrschenden Staat** und **Ausbreitung marxistischer Grundüberzeugungen** bei der Arbeiterschaft: Gefühl der Gettoisierung im Klassenstaat mit seiner Klassengesellschaft und -justiz, Schärfung des Klassenbewusstseins und Hoffnung, der Kapitalismus werde vom Sozialismus abgelöst.
- **Zunehmende Wahlerfolge:** bis 1890 Verdreifachung der Wählerstimmen auf rund 20 % und Vervierfachung der Abgeordnetenzahl auf 35 Sitze.

Staatliche Sozialgesetzgebung

Bismarck war sich durchaus bewusst, dass er die Arbeiterschaft durch drakonische Zwangsmaßnahmen allein nicht in den Schoß des Staates zurückzwingen konnte. Er war sich über die soziale Misere der arbeitenden Klasse im Klaren und hoffte, durch **staatliche Sozialmaßnahmen** gleichzeitig die schlimmsten Missstände mildern, die staatsfreundliche Gesinnung der Arbeiterschaft fördern und diese der Sozialdemokratie abspenstig machen zu können. Wenn die Arbeiter erst einmal die staatlichen Sozialleistungen zu schätzen gelernt hätten, wäre – so hoffte er – der Propaganda der Sozialdemokratie auf Dauer der Boden entzogen. Doch um das Projekt zu realisieren, waren noch starke **Widerstände** zu überwinden:

- die **Sozialdemokraten** fürchteten eine Schwächung ihrer Position;
- viele **Liberale** und die **Unternehmerschaft** störten sich an einem zu starken Einfluss des Staates;

- manche **Zentrumspolitiker** setzten auf christliche Nächstenliebe statt auf staatliche Unterstützung und
- die meisten **Konservativen** standen dem Projekt ablehnend gegenüber.

Trotz dieser Widerstände verabschiedete der Reichstag in den 1880er-Jahren ein **Sozialversicherungspaket,** das damals als das weltweit fortschrittlichste galt. Im Einzelnen bestand das Paket aus drei Komponenten, der **Kranken-, Unfall- und Alters- bzw. Invalidenversicherung.**

Basiswissen **Bismarcksche Sozialversicherung**

Krankenversicherungsgesetz (1883): Einrichtung von selbst verwalteten Ortskrankenkassen als Pflichtversicherung, in die die Arbeitnehmer zwei Drittel und die Arbeitgeber ein Drittel der Beiträge einzahlten.

Unfallversicherungsgesetz (1884): Versicherung gegen die Folgen berufsbedingter Unfälle, von den Berufsgenossenschaften der Arbeitgeber finanziert.

Gesetz über die Alters- und Invalidenversicherung (1889): Versicherung bei Alter und Invalidität, deren Kosten zu je einem Drittel von Arbeitnehmern, Arbeitgebern und Staat getragen wurden; Anspruch darauf ab dem 70. Lebensjahr.

Nach der Verabschiedung der ersten beiden Sozialversicherungsgesetze im Reichstag betonte Kanzler Bismarck in einer Reichstagsrede am 26.11.1884:

> Die Sozialdemokratie ist so, wie sie ist, doch immer ein erhebliches Zeichen, ein Menetekel für die besitzenden Klassen dafür, dass nicht alles so ist, wie es sein sollte, dass die Hand zum Besseren angelegt werden kann. [...] Wenn es keine Sozialdemokratie gäbe und wenn sich nicht eine Menge Leute vor ihr fürchtete, würden die mäßigen Fortschritte, die wir überhaupt in der Sozialreform bisher gemacht haben, auch noch nicht existieren.

Neu und zukunftsweisend bei der Sozialversicherung war,

- dass sie gegenüber der althergebrachten Armenfürsorge einen **Rechtsanspruch** auf soziale Leistungen begründete und
- dass nunmehr **Armut und Elend der Arbeiterschaft** nicht mehr als individuelles moralisches Versagen betrachtet, sondern als **mit den allgemeinen Arbeitsbedingungen strukturell verbunden** anerkannt wurden.

2.5 Konservative Wende und staatliche Interventionspolitik

Die Beendigung des Kulturkampfs, das Vorgehen gegen die Sozialdemokratie und die Sozialgesetzgebung gehörten zur konservativen Wende in der deutschen Innen- und Wirtschaftspolitik, die Ende der 1870er-Jahre einsetzte und den Charakter und die Politik des Reichs ab da bestimmte. Historiker haben diesen Prozess als eine **zweite innere Reichsgründung** bezeichnet. Damit meinten sie die **Konsolidierung des Reichs auf einem neuen konservativen Fundament.** Konkret bedeutete das:

- die angesichts massiver Krisenerscheinungen in der Wirtschaft vollzogene Bildung einer **informellen Koalition aus Großindustrie und Großagrariern,** die Schutzmaßnahmen gegen ausländische Konkurrenz begehrte; damit verbunden
- der Übergang vom bisher praktizierten Freihandel zu einer **protektionistischen Wirtschaftspolitik,** die die eigene Volkswirtschaft durch **Schutzzölle** abschirmte;
- der Beginn **staatlicher Kolonialpolitik** und der Erwerb von Überseekolonien (dazu Kap. 6.1 und 6.3);
- die bereits dargestellte, auch der Systemerhaltung dienende **staatliche Sozialpolitik** (vgl. Kap. 2.4) und
- die Umstellung auf eine **Rechtskoalition aus Konservativen, den Nationalliberalen und dem Zentrum** als parlamentarische Basis der Regierung.

Basiswissen **Gründerboom und Gründerkrise**

Gründerboom: Wirtschaftsaufschwung, der durch die Reichsgründung und die französische Kriegsentschädigung 1871 ausgelöst wurde und in dessen Folge zahlreiche Industrieunternehmen und Aktiengesellschaften gegründet wurden. **Global** gab es bereits seit etwa 1850 eine Hochkonjunkturphase. Aktienspekulationen, Überschuldung und Überkapazitäten führten 1873 zum Wiener Börsenkrach **(Gründerkrach).**

Gründerkrise: Auf den Gründerkrach folgende und bis etwa 1896 dauernde Depressionsphase, die drei Konjunkturtiefs durchlief. Wenngleich die einzelnen Länder unterschiedliche Einbußen zu verzeichnen hatten, war die auch **große Depression** genannte Zeit von Konkursen, Arbeitslosigkeit, Preisverfall und Agrarkrisen gekennzeichnet.

Interessenbündnis von „Roggen und Eisen"

Als die gut zweijährige Wirtschaftsblüte nach der Reichsgründung mit dem Gründerkrach abrupt endete und eine sowohl die Industrie als auch die Landwirtschaft erfassende lang andauernde Wirtschaftskrise begann, fanden sich ostelbische Großgrundbesitzer und Ruhrindustrielle („Junker und Schlotbarone") unversehens im selben Boot. Beide Gruppen gründeten 1876 schlagkräftige **Interessenvertretungen:** die Großagrarier außer dem bereits 1868 entstandenen „Kongress deutscher Landwirte" die **Vereinigung der Steuer- und Wirtschaftsreformer** und die Industrie den **Zentralverband deutscher Industrieller.** Diese wirkten, unterstützt vom 1858 gegründeten „Kongress Deutscher Volkswirte", ab 1877/78 bei Regierung und Parlament massiv darauf hin, dass die eigene Wirtschaft durch **Einfuhrzölle** gegen auswärtige Konkurrenz geschützt würde, und vollzogen damit eine radikale Abkehr von dem bisher praktizierten und von den Liberalen favorisierten Prinzip des Freihandels.

Übergang zur staatlichen Schutzzollpolitik

Die Absatzkrise der deutschen Wirtschaft, der Import von billigem Getreide aus Übersee, der die Existenz der einheimischen Landwirtschaft gefährdete, und der Aufbau von Schutzzollmauern in vielen anderen europäischen Ländern und den USA bewogen Bismarck – auch beeinflusst von den bereits genannten Interessenverbänden – dazu, dem Reichstag 1879 ein **Schutzzollgesetz** vorzuschlagen. Seine Motive im Einzelnen waren:

- die **Förderung der Aktivitäten der einheimischen Wirtschaft,** um die Wirtschaftskrise zu überwinden;
- die **Verbesserung der Reichsfinanzen,** um die ständig wachsenden staatlichen Leistungen für die Bürger zu finanzieren;
- die **Systemstabilisierung** gegen den Druck der Sozialdemokratie und
- die **Zusammenführung von Großindustrie und Großgrundbesitz** zur neuen konservativen Basis künftiger Politik.

Im Reichstag fanden die Gesetze die erforderliche **Mehrheit.** Die Stimmen kamen von den **Konservativen**, dem **Zentrum** und einem **kleinen Teil der Nationalliberalen.** Dagegen votierten die Fortschrittspartei, die meisten Nationalliberalen und die SPD. In den folgenden Jahrzehnten wurden die Schutzzölle noch mehrfach erhöht.

Basiswissen **Nachtwächterstaat und Interventionsstaat**

Nachtwächterstaat: Von den Liberalen favorisiertes Modell eines Staates, der den „freien Kräften" der Wirtschaft ihren Lauf lässt und sich nur darauf beschränkt, für geordnete Verhältnisse im Innern und Sicherheit nach außen zu sorgen.

Interventionsstaat: Modell eines Staates, der z. B. zur Stützung der Konjunktur oder zur Milderung sozialer Härten ins Wirtschaftsgeschehen eingreift.

Wirtschaftliche Folgen der Schutzzollpolitik

- **Landwirtschaft:** Keine wirksame Eindämmung des Getreideimports, doch Einkommenssteigerung für die Agrarproduzenten und höhere Verbraucherpreise für Fleisch und Getreide als auf dem Weltmarkt üblich.
- **Industrie:** Keine Verhinderung konjunktureller Schwankungen, jedoch Gewinnsteigerungen bei den Großunternehmen, die gleichzeitig ihre Wettbewerbssituation durch Zusammenschlüsse und Absprachen deutlich verbesserten. Folge: Möglichkeit kapitalintensiver und produktivitätssteigernder Innovationen, nach 1900 nahm Deutschland die zweite Stelle unter den führenden Industrienationen hinter den USA und vor Großbritannien ein.

Politische Folgen der Schutzzollpolitik

- **Auseinanderfallen der Nationalliberalen:** Nach dem Austritt der Schutzzollbefürworter aus der Fraktion und der Abspaltung des linken Parteiflügels zur **Liberalen Vereinigung** entwickelte sich die Kernfraktion zu einer bürgerlich-konservativen und regierungstreuen Gruppierung;
- **Auftrieb für die Sozialdemokratie** durch Verteuerung der Lebenshaltungskosten;
- **Interessenbündnis zwischen Landwirtschaft und Industrie** in Konfrontation zur Sozialdemokratie und langsames **Abschmelzen des liberalen Blocks;**
- Beginn einer **Ära streng konservativer Politik,** die sich parlamentarisch meist auf Abgeordnete der beiden konservativen Parteien, der Nationalliberalen und der Zentrumspartei stützen konnte.

3
Kaiserreich – gesellschaftlicher Wandel und spätfeudale Strukturen

3.1
Allgemeine Merkmale der Gesellschaft des Kaiserreichs

Kennzeichnend für die Gesellschaft des Kaiserreichs zwischen 1871 und 1914 war der sich beschleunigende **Übergang von einer weitgehend ständisch gegliederten Gesellschaftsordnung zu einer Industriegesellschaft.** Der starke Ausbau der klassischen Industrieproduktion (Kohle und Stahl) und die Erschließung neuer zukunftsträchtiger Industriezweige (Elektro- und Chemieindustrie) setzten soziale Veränderungsprozesse hin zu einer **bürgerlich-kapitalistischen Gesellschaft** in Gang. Gleichzeitig blieben **überkommene gesellschaftliche Strukturen** erhalten, die von den bisher privilegierten Gruppen, vor allem dem Adel, zäh verteidigt wurden. So blieb das Deutsche Kaiserreich einerseits ein autoritär geprägter und von den alten Führungsgruppen dominierter Obrigkeitsstaat, andererseits bewirkte der wirtschaftliche Aufschwung einen unaufhaltsamen sozialen Wandel, der bisher benachteiligten Gruppen in einer offeneren und mobileren Gesellschaft neue Perspektiven eröffnete. Im Jahr 1912 fasste Walther Rathenau (1867–1922), Chef des Elektrokonzerns AEG und später Außenminister der Weimarer Republik, diesen Sachverhalt bündig zusammen:

> Es wird später deutschen Geschichtsschreibern schwer verständlich sein, wie in unserer Zeit zwei Schichtungssysteme sich wechselseitig durchdringen konnten: das erste ein Überrest der alten Feudalordnung, das zweite das kapitalistische.

Bedeutende Merkmale dieser in wichtigen Bereichen noch feudal geprägten Industriegesellschaft waren:
- **Aufstieg der Bürgertums** in Industrie, Handel und Bankwesen, in der Presse und im Bildungsbereich;
- **Entstehung eines neuen Mittelstands** (Angestellte);
- zunehmende Bedeutung des **Leistungsprinzips** statt Standesprivilegien;
- **Erhalt** wichtiger **sozialer Adelsprivilegien** in Militär, Bürokratie und auf dem Land;
- starkes **Wachstum der Arbeiterschaft;**
- **unausgewogene Gesellschaftsstruktur** mit breitem Sockel und dünner Spitze;
- **Verschärfung der gesellschaftlichen Ungleichheit** bei gleichzeitiger **Verbesserung der Lebensumstände der unteren Gesellschaftsgruppen.**

Basiswissen **Gesellschaftliche Schichtung des Kaiserreichs um 1895**

Oberschicht:	Adel und Großbürgertum (Unternehmer, Großkaufleute), 1 % der Gesamtbevölkerung
obere Mittelschicht:	Kaufleute und Kleinunternehmer, Hausbesitzer und Großbauern mit etwa 5 % Bevölkerungsanteil; Bildungsbürger (Akademiker, höhere Beamte) mit ca. 1 % Anteil
untere Mittelschicht:	Kleinbürger (Händler, Handwerker, mittlere Beamte, selbstständige Kleinbauern), rund 25 % der Bevölkerung
Unterschicht:	Arbeiter, Dienstboten, Krämer, Kleinmeister, niedrige Beamte, Kleinbauern, Landarbeiter mit rund 68 % der Bevölkerung

3.2 Adel und Militär

Die Tatsache, dass die Entstehung des Deutschen Reichs durch militärische Erfolge unter der Führung eines adligen Offizierskorps ermöglicht wurde und die Einheit nicht „von unten" erkämpft, sondern von den deutschen Fürsten „von oben" vertraglich vereinbart worden war, hatte folgenschwere gesellschaftliche Auswirkungen:

- Der **Adel** konnte seine **Sonderstellung** weitgehend wahren.
- Das **Sozialprestige des Militärs** nahm zu und prägte die Gesellschaft des Kaiserreichs nachhaltig.

3.2.1 Rolle des Adels

Auf lange Sicht gesehen, befand sich der deutsche Adel ab Anfang des 19. Jahrhunderts im Niedergang. Verantwortlich dafür waren:

- der **Abbau ständischer Privilegien** im Gefolge der Französischen Revolution und der deutschen Revolution von 1848/49 sowie durch Landesverfassungen;
- das **Vordringen des Industriekapitalismus** und der Übergang zum Agrarkapitalismus auf den großen Gütern;
- der **Aufstieg des Bildungs- und Wirtschaftsbürgertums** mit seinen liberalen Grundsätzen und der Betonung des Leistungsprinzips und
- das Zurückdrängen der traditionellen Adelsautonomie durch den **modernen Bürokratie- und Verwaltungsstaat.**

Und doch gelang es dem deutschen Adel im Kaiserreich erstaunlich gut, diesen Niedergang aufzuhalten und seine Sonderstellung noch einmal zu behaupten. Durch eine Mischung aus sozialer Abschottung und Anpassung an die Moderne vermochte er im Wandel der gesellschaftlichen und wirtschaftlichen Verhältnisse zu bestehen:

- **Betonung der eigenen Exklusivität** durch strenge Heiratspolitik, Kontrolle über führende Positionen in Bürokratie, Militär und Diplomatie sowie durch spezifischen Ehren- und Verhaltenskodex;
- **Anpassung an die modernen Verhältnisse** durch Betätigung als Agrar- oder Industrieunternehmer und allmähliche Übernahme des Leistungsprinzips.

Machtpositionen des Adels

Die soziale und politische Machtstellung des Adels in der Gesellschaft des Kaiserreichs ruhte auf fünf Säulen:

- **Beherrschende Stellung des Adels auf dem ländlichen Großgrundbesitz,** wo traditionelle patriarchalische Herrschaftsstrukturen Bestand hatten;
- Dominanz von Adligen in der **Reichsregierung,** in den **Landesregierungen** und in den **Spitzen der Bürokratie;**
- **Führungsrolle** des Adels im **Offizierskorps** sowie
- im **Diplomatischen Dienst** des Auswärtigen Amts und
- starke **Stellung im preußischen Herrenhaus,** das als erste Kammer des Parlaments durch ein Vetorecht Initiativen des Abgeordnetenhauses blockieren und indirekt auch die Reichspolitik beeinflussen konnte.

3.2.2 Militär und Militarismus

Die drei Einigungskriege hatten das Renommee des Militärs und seiner Führung mächtig erhöht. Auch auf die einfachen Mannschaftsdienstränge fiel ein Abglanz dieses Ruhmes. Besonders das Offizierskorps genoss ein hohes Sozialprestige und fühlte sich als Elite der Gesellschaft. Es war durch und durch aristokratisch-monarchistisch gesinnt und stand demokratisch-parlamentarischen Bestrebungen distanziert, wenn nicht gar feindlich gegenüber. Das „Militär-Wochenblatt" brachte im Jahr 1889 das Selbstverständnis des Offizierskorps auf den Punkt:

Beide, der bürgerliche sowohl wie der adlige Offizier, vertreten das gleiche Prinzip, die aristokratische Weltanschauung gegen die demokratische. [...] Die dem Urgedanken des Offizierstandes entstammenden Gesinnungen sind: dynastischer Sinn, unbedingte Treue gegen die Person des Monarchen, erhöhter Patriotismus, Erhaltung des Bestehenden, Vertheidigung der seinem Schutze anvertrauten Rechte seines Königs und Bekämpfung vaterlandsloser, königsfeindlicher Gesinnung etc. [...] Die Stellung als Offizier erfordert gebieterisch eine Mißbilligung all jener politischen Richtungen, welche das Königthum von Gottes Gnaden bekämpfen oder seine ihm zustehenden Rechte verkürzen möchten; aller der Tendenzen, welche in ihren Konsequenzen zur Leugnung aller göttlichen und menschlichen Autorität, zur Auflösung aller bestehenden Ordnungen, zur Untergrabung des Rechtes führen.

Offiziere in der Tanzschule, Fotografie um 1900. Ein Zeichen für die Hochschätzung des Militärs und für die Militarisierung der Gesellschaft war, dass Offiziere auch im Zivilleben bevorzugt in Uniform auftraten.

Militarisierung der Gesellschaft

Typisch für das Kaiserreich war, dass militärische Verhaltensweisen und Normen immer mehr in die Zivilgesellschaft Einzug hielten. Hierzu zählten:

- das Uniformtragen bei gesellschaftlichen Anlässen,
- der Vorrang des Offiziers vor Zivilpersonen,
- die Hochschätzung des Reserveoffiziers,
- der Kommandoton und das Strammstehen bei Behörden,
- Befehl und Gehorsam als soziale Umgangsform,
- die Verherrlichung des Militärs in Schulen und Universitäten,
- die Bildung zahlreicher Kriegervereine, die patriotisch-militaristische Denkweisen und Traditionen pflegten und propagierten.

Basiswissen **Militarismus**

Unter Militarismus versteht man die Durchdringung der Zivilgesellschaft mit militärischen Verhaltens- und Denkformen. Militarismus zeigt sich in der allgemeinen Wertschätzung von Waffen, Orden und Uniformen, von militärischen Ritualen (Paraden, Grußformen) und in der Verinnerlichung militärischer Verhaltensmuster, z. B. von Befehl und Gehorsam, von Über- und Unterordnung. Militarismus verstärkt und legitimiert den Obrigkeitsstaat. Typisch sind auch die Glorifizierung soldatischer Tugenden wie Tapferkeit, Mut und Opferbereitschaft bis zum Tod.

Bedeutung des Militärs im Kaiserreich

Wegen des hohen Sozialprestiges war der Militärdienst für Rekruten und Offiziere durchaus reizvoll. So wurde der Rang des Reserveoffiziers zum Leitbild vieler Bürgerlicher. Darüber hinaus erfüllte der Militärdienst etliche wichtige soziale Funktionen:

- Er diente der **sozialen Integration** der aus verschiedenen Landesteilen und unterschiedlichen sozialen Gruppen stammenden Wehrpflichtigen in das neue Reich.
- Er impfte den Rekruten eine **königs- und vaterlandstreue Gesinnung** ein und wirkte so als Garant der bestehenden Ordnung.
- Er bot für viele verlockende **Aufstiegschancen** auf der sozialen Stufenleiter.

3.3 Entwicklung des Bürgertums

Trotz der herausragenden Stellung des Adels nahm das gesellschaftliche Gewicht des **Wirtschafts- und Bildungsbürgertums** im Kaiserreich kontinuierlich zu. Es besetzte die Schaltstellen in der schnell wachsenden Industrie sowie im Bank- und Versicherungswesen und weitete seinen Einfluss in den Städten aus, deren Einwohnerzahlen jetzt explosionsartig anschwollen. Außerdem beherrschte es die Presse und das Bildungswesen und konnte so nachhaltig auf die öffentliche Meinung einwirken. Gleichzeitig wurde das **traditionelle mittelständische Bürgertum,** die zahlreichen selbstständigen Handwerker und Kaufleute, allmählich zerrieben. Manchen gelang der Aufstieg zu Unternehmern oder Großkaufleuten, doch die meisten sanken zu halbproletarischen Einzelmeistern und Kleinhändlern ab. Parallel dazu entstand mit der rasch expandierenden Gruppe der **Angestellten** ein **neuer Mittelstand** mit eigenem Profil und eigenem Selbstbewusstsein.

Groß- und Wirtschaftsbürgertum

Die relativ kleine Gruppe der schwerreichen Groß- und Wirtschaftsbürger neigte dazu, dem **aristokratischen Lebensstil** nachzueifern. Das zeigte sich z. B.

- am Erwerb eines Ritterguts als Statussymbol;
- an der Praktizierung eines demonstrativ luxuriösen Lebensstils;
- am Streben nach dem Reserveoffizierspatent, nach Orden und Titeln bis hin zum Adelstitel.

Trotz aller Nachahmung von adligen Lebensformen, Stilelementen und Manieren blieb die Trennlinie zur Aristokratie bestehen. Das reiche Bürgertum wurde nicht „feudalisiert“, sondern zeigte auf diese Weise seine **staatsnahe und monarchistische Gesinnung,** in seinem Auftreten mischten sich **ökonomisches Interesse** und **gesellschaftliches Prestigedenken.** Ohne große Umstände ließ sich außerdem das aristokratisch und militärisch verwurzelte Prinzip von Befehl und Gehorsam auf das Verhältnis von Fabrikherr und Arbeiterschaft übertragen und konnte so den „Herr im Haus“-Standpunkt der meisten Unternehmer legitimieren.

Bildungsbürgertum

Das Bildungsbürgertum bezog sein Prestige und sein Selbstbewusstsein aus seiner **akademischen, meist humanistisch geprägten Bildung,** die es gegenüber anderen Gesellschaftsklassen hervorhob. Im Kaiserreich wurde aus einer kleinen Elite eine rasch größer werdende Gruppe aus **Professoren, Lehrern, Ärzten, Juristen und Beamten,** die meist aus dem protestantischen Milieu stammten. Doch gleichzeitig **schwanden allmählich die Bedeutung und der gesellschaftliche Einfluss dieser Bildungselite.** Dafür gab es mehrere Gründe:

- Mit seinem zahlenmäßigen Anwachsen verminderte sich deren Exklusivität.
- Zunehmend verdrängten Spezialisten und Techniker die klassische Elite mit ihrem umfassenden Bildungsanspruch.
- Neue Ideologien wie Nationalismus und Imperialismus, wie Sozialdarwinismus und Antisemitismus (vgl. Kap. 3.4) machten der Bildungsidee Konkurrenz; weite Teile des Bildungsbürgertums identifizierten sich mit diesen Ideologien.
- Der Aufstieg des Wirtschaftsbürgertums bedrohte die Stellung des Bildungsbürgertums.
- Auch seine politische Bedeutung ging nach der konservativen Wende im Kaiserreich zurück.

Angesichts dieser von ihnen oft als **Kulturkrise** empfundenen Situation flüchtete sich ein Teil der Bildungsbürger in eine antimodernistische Gedankenwelt bzw. schlossen sich zu Bünden oder Gemeinschaften zusammen, die sich an einer idealisierten Vergangenheit orientierten.

Kleinbürgertum – alter und neuer Mittelstand

Die **Bedeutung des alten Mittelstands ging** im Lauf des Kaiserreichs kontinuierlich **zurück.** Nur wenigen gelang es, sich zu Unternehmern aufzuschwingen, für die meisten verschlechterte sich die soziale Lage drastisch. Infolgedessen schloss sich mancher verarmte Einzelmeister oder Kleinkrämer der Wählerschaft der SPD an, doch viele beharrten weiterhin auf ihrem althergebrachten Status und betonten den sozialen Abstand zum Industrieproletariat. Gerade bei frustrierten Kleinhändlern fanden nun antisemitische Parolen Gehör, da sie in jüdischen Kaufhausbesitzern oder Bankiers die Urheber ihres Elends auszumachen glaubten.

Gleichzeitig entstand in den Städten ein **neuer Mittelstand:** die immer zahlreicher werdenden **Angestellten,** die in der Industrie, im Handel, im Bank- und Versicherungswesen und bei den Behörden administrative Tätigkeiten ausübten. Dazu kamen Techniker, Industriemeister, Ingenieure usw., die bei Planung und Koordinierung, bei Arbeitsvorbereitung und -kontrolle eingesetzt wurden. Charakteristisch für diese soziale Gruppe war:

- ein meist höheres Bildungsniveau und ein **höherer Status** als die körperlich tätige Arbeiterschaft mit einem entsprechenden Standesbewusstsein;
- **nicht körperliche Tätigkeit** in Büros;
- **höhere Besoldung** und mehr Arbeitsplatzsicherheit;
- oft geringere Arbeitszeit und Gewährung von Urlaub;
- erhebliche **Zunahme weiblicher Angestellter** (vgl. Kap. 3.7).

In Abgrenzung zum SPD-nahen Industrieproletariat neigten die Angestellten politisch eher zu konservativ-autoritären Positionen. So war eine bedeutende Interessenvertretung der Angestellten, der 1893 gegründete mitgliederstarke „Deutschnationale Handlungsgehilfen-Verband“, offen nationalistisch und antisemitisch.

3.4 Judentum und Antisemitismus

In der ersten Hälfte des 19. Jahrhunderts hatten die Juden in den verschiedenen deutschen Staaten durch liberale Reformgesetze ihre weitgehende **bürgerlichrechtliche Gleichstellung** erlangt. So kannte auch die Reichsverfassung von 1871 keine Sonderstellung der Juden mehr. Unter diesen Vorzeichen bemühten sich nun viele Juden um eine **Assimilation** an die deutsche Gesellschaft. Doch schon bald setzte eine Gegenbewegung ein. Judenfeindliche Schriften erschienen, der Publizist Wilhelm Marr (1819–1904) prägte den Begriff Antisemitismus, der sich rasch verbreitete, und betont antisemitische Parteien und Organisationen wurden gegründet.

3.4.1 Deutsches Judentum nach der Emanzipation

Bevölkerungsanteil

Zur Zeit des Kaiserreichs machten die Juden rund **ein Prozent der Gesamtbevölkerung** aus. Die meisten von ihnen lebten in den **Städten** und gehörten zum **Bürgertum.** Besonders hervorzuheben sind die Großstädte Berlin und Frankfurt mit jüdischen Bevölkerungsanteilen von 4,3% bzw. 6,3% im Jahr 1910. Mit wachsender Gesamtbevölkerung nahm auch die Gesamtzahl der Juden zu. Dazu trugen auch zahlreiche jüdische Einwanderer aus russisch-polnischen Gebieten und Galizien bei. Diese prägten das Stereotyp des ärmlichen sog. **Ostjuden.**

Berufliche und gesellschaftliche Stellung

Juden betätigten sich grundsätzlich in fast allen Erwerbszweigen, doch fallen einige Besonderheiten auf. Ihr Anteil im **Handel** und im **Bankwesen** sowie in den **freien akademischen Berufen** war überproportional hoch. Die Ursachen dafür waren:

- die jahrhundertelange berufliche Einschränkung der Juden im christlichen Europa; sie durften kein Zunfthandwerk ausüben, sodass sie oft in bei den Christen verpönte Zins- und Geldgeschäfte oder in den Kaufmannshandel auswichen;
- das traditionell hohe Bildungsniveau der Juden, die schon früh Lesen und Schreiben lernten, um die Thora studieren zu können;
- das Aufstiegsstreben einer assimilationsbereiten ehemaligen Randgruppe, die ihren Platz in der bürgerlichen Gesellschaft suchte.

Die meisten Juden gehörten dem **mittleren und höheren Bürgertum** an. Seit der Mitte des 19. Jahrhunderts waren viele von ihnen durch Fleiß und unternehmerisches Geschick zu Reichtum gekommen: **Großkaufleute** mit Filialgeschäften und Warenhäusern, **Bankdirektoren** als Besitzer oder Leiter großer Geldinstitute, **Industrielle** im Textilgewerbe, in Elektro-, Metall- und Maschinenbauindustrie sowie einflussreiche **Presseunternehmer.** Dazu kamen viele jüdische Ärzte, Rechtsanwälte, Journalisten und Universitätslehrer. Entsprechend war auch das Einkommensniveau der Juden in der Regel höher als das der übrigen Bevölkerung. Die jüdische Unterschicht dagegen – vornehmlich Einwanderer aus Osteuropa – war im Vergleich zur Gesamtgesellschaft relativ schmal.

Rechtliche Stellung

Trotz der durch die Verfassung festgeschriebenen rechtlichen Gleichstellung der Juden mussten diese im täglichen Leben auch weiterhin eine **Reihe von faktischen Einschränkungen** hinnehmen:

- Juden blieb die **Offizierslaufbahn** (auch die Stellung eines Reserveoffiziers) in der Regel verwehrt.
- Auch die **höheren Beamtenstellen** in der Staatsverwaltung blieben Juden – von wenigen Ausnahmen abgesehen – verschlossen.
- Ähnliches galt für den **diplomatischen Dienst,** für die **Gymnasiallehrerschaft,** die **höheren Ämter bei Gericht und in der Justizverwaltung** sowie für die **ordentlichen Professuren** an den Universitäten.

Assimilation an die deutsche Gesellschaft und politische Haltung

Ab der Mitte des 19. Jahrhunderts bemühten sich besonders dem Großbürgertum angehörende Juden um eine Assimilation an die deutsche Gesellschaft. Folgende Tendenzen waren zu beobachten:

- **Übernahme des deutschen Bildungserbes** (vor allem Literatur, Philosophie, Musik) und der Leitvorstellungen des Bildungsbürgertums;

- **Entwicklung des Reformjudentums;** Anpassung des jüdischen Glaubens und der jüdischen Religionspraxis an die christliche Umwelt (Orgeln in der Synagoge, Verwendung der deutschen Sprache im Gottesdienst, Bar Mizwa als eine Art Konfirmation, Vernachlässigung der Speisegesetze und der Sabbatvorschriften, Gleichberechtigung der Frau bei religiösen Zeremonien und Ritualen);
- **Streben nach** einer betonten **Modernisierung** der Lebensformen, was auf die eher traditionsverhaftete kleinbürgerliche bzw. mittelständische Umwelt nicht selten verstörend wirkte;
- Gründung des **Centralvereins deutscher Staatsbürger jüdischen Glaubens** (1893) mit einem – in Abwehr antisemitischer Vorwürfe – explizit formulierten **Bekenntnis zur deutschen Nation.**

Politisch standen die meisten Juden entsprechend ihrer Zugehörigkeit zum Bürgertum **aufseiten der Liberalen,** zunächst bei den Nationalliberalen, nach der konservativen Wende von 1879 eher bei den Linksliberalen. Es gab eine Reihe von prominenten jüdischen Reichstagsabgeordneten, auch in der Landes- und vor allem in der Kommunalpolitik engagierten sie sich häufig.

Auch in den Reihen der **Sozialdemokraten** gab es einige Juden. Sie gehörten meist zur **sozialistischen Intelligenz** und nicht zur Arbeiterschaft. Manche – wie der Theoretiker Eduard Bernstein oder Rosa Luxemburg als Vertreterin des linken Parteiflügels – spielten eine wichtige Rolle in der SPD.

3.4.2 Antisemitismus in der Gesellschaft des Kaiserreichs

Der Gründerkrach von 1873 (vgl. Kap. 2.5, S. 33) ließ alte judenfeindliche Vorurteile wieder aufleben und brachte den **neuen politischen Antisemitismus** hervor. 1874 veröffentlichte der Autor Otto Glagau (1834–92) in der beliebten Familienzeitschrift „Die Gartenlaube" eine Artikelserie über den „Börsen- und Gründungsschwindel", in der er die Juden und den Liberalismus für die Gründerkrise verantwortlich machte:

Nicht länger dürfen wir's dulden, dass die Juden sich überall in den Vordergrund, an die Spitze drängen, überall die Führung, das große Wort an sich reißen. Sie schieben uns Christen stets bei Seite, sie drücken uns an die Wand, sie benehmen uns die Luft und den Atem. Sie führen tatsächlich die Herrschaft über uns; sie besitzen eine gefährliche Übermacht und sie üben einen höchst unheilvollen Einfluss. Seit vielen Jahrhunderten ist es wieder zum ersten Mal, dass ein fremder, an Zahl so kleiner Stamm die große eigentliche Nation beherrscht. Die ganze Weltgeschichte kennt kein zweites Beispiel, dass ein heimatloses Volk, eine physisch wie psychisch entschieden degenerierte Rasse, bloß durch List und Schlauheit, durch Wucher und Schacher, über den Erdkreis gebietet.

Diese antisemitischen Parolen fanden vor allem in den Bevölkerungskreisen Gehör, die sich von den Entwicklungen der modernen Industriegesellschaft bedroht fühlten, bei **Handwerkern, kleinen Händlern und Bauern.** Sie boten pauschale Erklärungen für ihre Misere und einfache Lösungsrezepte.

Der sich ab den 1870er-Jahren entwickelnde politische Antisemitismus hatte im Unterschied zu der Judenfeindschaft der vergangenen Jahrhunderte **folgende neuen Merkmale:**

- Er benutzte **pseudowissenschaftliche Argumente** aus dem Komplex der damals neu aufkommenden **Rassetheorien,** die den Ablauf der Geschichte aus dem Kampf unterschiedlich wertvoller Rassen zu erklären versuchten.

- Er entzündete sich nicht mehr nur an einzelnen Krisensituationen, sondern machte die Juden für alle Verwerfungen und Probleme verantwortlich, die mit dem Aufkommen der modernen, von den Ideen des Liberalismus geprägten Industriegesellschaft im Zusammenhang standen. Damit gewann die antijüdische Haltung einen **antikapitalistischen und antiliberalen Akzent.**
- Es wurde ein **Zusammenhang zwischen internationalem Großkapital und der sozialistischen Internationale** konstruiert. In beiden Gruppierungen zogen angeblich reichsfeindliche Juden die Fäden.
- Es bildeten sich **Parteien und Verbände mit explizit nationalistischer und antisemitischer Programmatik.** Ihr Hauptziel war, den Einfluss der angeblich national unzuverlässigen und rassisch gefährlichen Juden in der Gesellschaft zurückzudrängen, sie aus dem Land zu treiben oder sie gar zu vernichten.

Basiswissen **Antisemitismus**

Der „moderne" Antisemitismus knüpft an die traditionelle, im christlichen Abendland weitverbreitete Judenfeindschaft an. Diese beruhte auf der Diffamierung der Juden als sog. **Christusmörder,** dem Neid auf (tatsächliche oder vermeintliche) wirtschaftliche Erfolge der Juden und ihrer Funktion als **Sündenböcke** in Krisenzeiten (z. B. bei Seuchen). In der zweiten Hälfte des 19. Jahrhunderts verbindet sich die antijüdische Haltung mit zwei neuen Komponenten:

- der neu entwickelten **Theorie von der Ungleichheit der Rassen,** wonach das Judentum als minderwertige Rasse angesehen wird, deren Anliegen es sei, die überlegene „arische" Rasse zu unterwandern, ihr Blut zu zersetzen und schließlich die Weltherrschaft zu erringen;
- der aus Darwins Evolutionstheorie entwickelten Vorstellung des **Sozialdarwinismus** (biologische Überlegenheit der weißen Rasse gegenüber angeblich minderwertigen farbigen Rassen, Recht des Stärkeren, Kampf ums Überleben).

Es entwickelt sich ein antisemitisches Wahndenken, in dem „gleichmacherischer Sozialismus" und „nihilistischer Kommunismus", „individualistischer Liberalismus" und „raffgieriger Kapitalismus" als verschiedene Erscheinungsformen einer „jüdischen Weltverschwörung" angesehen werden.

Berliner Antisemitismusstreit

Der Berliner Antisemitismusstreit (1879/80) entzündete sich an einem Artikel des Berliner Historikers Heinrich von Treitschke. Darin betonte er zwar, er wolle die Judenemanzipation nicht rückgängig machen, unterstellte den Juden jedoch gierige und materialistische Wesenszüge und wies ihnen die Schuld an der gegenwärtigen Krise zu. Sein Pamphlet gipfelte in dem Ausruf: „Die Juden sind unser Unglück!"

Antisemitische Parteien, Organisationen, Aktivitäten und Schriften

Während der Kaiserzeit wurde eine Fülle von Parteien mit antisemitischer Tendenz ins Leben gerufen. Hervorzuheben sind besonders die vom Berliner Hofprediger Adolf Stoecker 1878 gegründete **Christlich-soziale Arbeiterpartei,** die ab 1879 einen antisemitischen Kurs einschlug (und sich 1881 in Christlich-soziale Partei umbenannte), und die 1890 gegründete **Antisemitische Volkspartei,** die sich drei Jahre später in

Deutsche Reformpartei umbenannte und 1894 mit der **Deutschsozialen Partei** zur **Deutschsozialen Reformpartei** fusionierte. Daneben gab es noch eine Reihe weiterer Splitterparteien. Eine von Vertretern verschiedener Gruppierungen und Einzelpersonen 1880 initiierte **Antisemitenpetition** forderte u.a. einen Ausschluss der Juden von allen öffentlichen Ämtern, ein Verbot jüdischer Einwanderung und eine Begrenzung ihrer Zahl im Schulwesen und in der Justiz. Und ein **Erster Internationaler Antijüdischer Kongress** protestierte 1882 gegen den wachsenden jüdischen Einfluss in Staat und Gesellschaft.

Auch zum Selbstverständnis einiger **mitgliederstarker Berufsverbände** gehörte eine antisemitische Grundhaltung. Die wichtigsten waren:

- **Verein deutscher Studenten** (Kyffhäuserbund); 1881 im Zusammenhang mit dem Berliner Antisemitismusstreit und der Antisemitenpetition gegründet, Wahlspruch: „Mit Gott für Kaiser und Reich“, antisemitische und völkische Ausrichtung.
- **Deutschnationaler Handlungsgehilfenverband;** 1893 als eine Art Angestelltengewerkschaft gegründet, Frontstellung gegen Großkapital und Sozialdemokratie, antisemitisch-völkische Grundeinstellung.
- **Bund der Landwirte;** im Zeichen der Agrarkrise 1893 als Interessenvertretung der Landwirtschaft gegründet, eine der bedeutendsten antisemitischen Organisationen, die die bei zahlreichen Landwirten verbreitete Abneigung gegen Handel treibende Juden aufgriff und sie rassistisch verschärfte.

Daneben erschienen in diesem Zeitraum zahlreiche **antisemitische Schriften.** So gab der Publizist Theodor Fritsch ab 1885 die „Antisemitische Korrespondenz“ heraus, bald darauf veröffentlichte er einen **Catechismus für Antisemiten,** den er später zu einem **Handbuch der Judenfrage** erweiterte. Aufsehen erregten auch die Kampfschrift „Die Judenfrage als Rassen-, Sitten- und Kulturfrage“ (1881) des Philosophen Eugen Dühring und Veröffentlichungen des Orientalisten Paul de Lagarde, in denen er die Juden als „wucherndes Ungeziefer“ bezeichnete und konstatierte:

> Mit Trichinen und Bazillen wird nicht verhandelt. Trichinen und Bazillen werden auch nicht erzogen. Sie werden so rasch und so gründlich wie möglich vernichtet.

Antisemitische Postkarte des Hotels „Kölner Hof“ in Frankfurt a. M., um 1900; wegen seines hohen jüdischen Bevölkerungsanteils wurde Frankfurt von Antisemiten auch „Neu-Jerusalem am fränkischen Jordan“ genannt (Abb. Sammlung Wolfgang Haney).

3.5 Die Lage der Arbeiterklasse

Allgemeine Tendenzen

Mit dem Wachstum der Industrie und der Städte nahm auch die Anzahl der Industriearbeiter während des Kaiserreichs kontinuierlich zu. Um 1910 stellten sie gut ein Drittel der Erwerbstätigen und (zusammen mit ihren Familien) auch der Bevölkerung. Die Entwicklung ihrer Lebens- und Arbeitsverhältnisse kann man verallgemeinernd in folgenden Punkten zusammenfassen:

- Das Leben der Arbeiterfamilien blieb ständig von konjunktur- oder saisonbedingter **Arbeitslosigkeit, von Krankheit, Arbeitsunfällen und Alter bedroht.** Die Sozialgesetzgebung der 1880er-Jahre (vgl. Kap. 2.4) schuf nur notdürftig Abhilfe.
- Das Einkommen der Arbeiterfamilien wurde zu rund 90% **durch die Grundbedürfnisse Nahrung, Wohnung und Kleidung** aufgezehrt. Bildung von Rücklagen für das Alter oder Sparen für größere Anschaffungen waren kaum möglich.
- Die **Wohnverhältnisse** der Arbeiterschaft in den rasch wachsenden Industriestädten waren **oft erbärmlich,** da der Wohnungsbau mit dem städtischen Bevölkerungswachstum nicht Schritt hielt und die Mietpreise stiegen.
- Die durchschnittlichen **Reallöhne der Arbeiter stiegen** zwischen 1870 und 1913 um rund 90%, was vor allem auf den konjunkturellen Aufschwung ab Mitte der 1890er-Jahre zurückzuführen war.
- Die durchschnittliche **Wochenarbeitszeit ging** von 78 in den 1860er-Jahren auf 53 bis 57 Stunden vor dem Ersten Weltkrieg **zurück.** Urlaub gab es ganz selten.
- Die **Arbeitsbedingungen** (Schmutz, Lärm, Gestank, Hygiene, Unfallschutz) **verbesserten sich** – vor allem in modernen, neu errichteten Fabriken – **allmählich.**

Differenzierung der Arbeiterschaft

Die Arbeiterschaft war trotz vieler Gemeinsamkeiten keine völlig homogene Klasse. Vielmehr bildeten sich Differenzierungsmerkmale heraus, die das Selbstbewusstsein und den Status der einzelnen Arbeiter unterschiedlich prägten.

- **Geschlecht:** Die überwiegende Mehrzahl der Arbeiter waren Männer; Frauenarbeit war meist ungelernte Arbeit, wurde schlechter bezahlt und konzentrierte sich auf bestimmte Arbeitsbereiche (dazu genauer Kap. 3.7).
- **Herkunft:** Die Arbeiterschaft rekrutierte sich zunächst aus dem Heer städtischer Tagelöhner, Handwerksgesellen, Handwerkersöhne und verarmter Kleinmeister. Dazu kam das riesige Arbeitskräftereservoir der ländlichen Gebiete, wo Not und Unterbeschäftigung herrschten. Eine massenhafte Wanderungsbewegung setzte ein, teils aus den umliegenden ländlichen Regionen, teils aus den östlichen Randgebieten des Reichs (Masuren und Polen). Vor allem die Polen hatten wegen ihrer Nationalität und Religion Integrationsprobleme, was nicht selten zu Spannungen mit den eingesessenen Arbeitern führte. So lebten sie im Ruhrgebiet in eigenen Vierteln, pflegten ihre Sprache und Kultur und ein eigenes Vereinsleben.
- **Ausbildung:** Ausgebildete Facharbeiter unterschieden sich deutlich von angelernten Arbeitskräften oder gar Hilfsarbeitern. Sie bezogen höhere Löhne, ihr Arbeitsplatz war sicherer und sie genossen einen besseren gesellschaftlichen Status, verbunden mit dem entsprechenden Selbstbewusstsein.

- **Mobilität**: Während alte qualifizierte Arbeitskräfte eher zum Verbleib am angestammten Arbeitsplatz neigten, wechselten andere – zum Teil notgedrungen, zum Teil freiwillig – häufig ihre Arbeitsstelle. Hierzu zählten Saisonarbeiter vom Land, Ungelernte, Junge, Ledige und Aufsteiger auf der Suche nach besseren Chancen.
- **Arbeitsplatz:** Deutliche Unterschiede ergaben sich auch daraus, ob sich der Arbeitsplatz in einem Klein- oder Großbetrieb, in einem der klassischen Industriezweige (Kohle, Eisen Stahl) oder in den modernen Industrien (Chemie- und Elektroindustrie) befand.

Konsolidierung als Arbeiterklasse und Einstellung zum Staat

Trotz dieser Differenzierungen überwog das Gemeinsame: ähnliche Lebenslage und Arbeitsbedingungen, Existenzsorgen, Abhängigkeit von den Unternehmern und soziale Ausgrenzung durch die herrschende Gesellschaft und den Staat (Sozialistengesetz) ließen die Arbeiterschaft als Klasse mit einem eigenen Klassenbewusstsein enger zusammenrücken. Das hatte folgende Konsequenzen:

- **Entwicklung eines eigenen Arbeiterkulturlebens** in Sport-, Gesangs- und Bildungsvereinen und bei gemeinsamen Freizeitaktivitäten;
- **gemeinsame politische, soziale oder weltanschauliche Betätigung** in Gewerkschaften, Sozialdemokratie oder Hilfsvereinen wie dem 1888 gegründeten Arbeiter-Samariter-Bund;
- **ablehnende Einstellung gegenüber dem Staat,** der als harter Obrigkeitsstaat erfahren wurde, der die Arbeiter durch Klassenwahlrechtsbestimmungen in Ländern und Gemeinden von echter politischer Mitbestimmung fernhielt, sie überwachte und als „vaterlandslose Gesellen“ aus der Nation ausgrenzte;
- nach 1900 allmähliche **Übernahme bürgerlicher Werte** (Ordnung, Disziplin) und **Identifizierung mit dem nationalen Staat** (u. a. durch Schule und Militär).

3.6 Landwirtschaft und Landbevölkerung

Allgemeine Tendenzen

In den vier Jahrzehnten des Kaiserreichs überflügelte die Industrie die bisher gesamtwirtschaftlich führende Landwirtschaft. Trotzdem spielte der Agrarsektor weiterhin eine ökonomisch und politisch wichtige Rolle. Im Einzelnen sind festzuhalten

- ein **Rückgang des Beschäftigungsanteils** des Agrarsektors um rund 30 % auf nur noch 35 % aller Beschäftigten;
- eine **Zunahme von Wander- und Saisonarbeitern;**
- ein **Aufstieg des Agrarkapitalismus,** verbunden mit einer Modernisierung und Mechanisierung der Anbautechniken;
- eine etwa 1895 einsetzende **Zunahme der landwirtschaftlichen Einkommen** und Gewinne (Ausklingen der Agrarkrise);
- eine **massive Einwirkung landwirtschaftlicher Interessenvertretungen auf die Politik** (Bund der Landwirte).

Gesellschaftliche Verhältnisse auf dem Land

Unter der extrem dünnen Schicht der vornehmlich östlich der Elbe beheimateten **Großgrundbesitzer** (0,4% aller Landbesitzer) standen die **Groß- und Vollbauern** (etwa 23% der Landbesitzer) und darunter die **Klein- und Zwergbauern,** die nur zwischen einem und zehn Hektar Land besaßen (rund 76% der Landbesitzer). Ganz am Ende der sozialen Stufenleiter stand das Millionenheer der **Landarbeiter** und des **Gesindes** ohne eigenen Landbesitz.

- **Großgrund- und Gutsbesitzer:** Gutsbesitz war nicht mehr nur eine Domäne des Adels, sondern auch wohlhabende Bürger erwarben nun Güter als Statussymbole und Wirtschaftsobjekte. Obwohl die ostelbischen Gutsbesitzer einige alte Privilegien verloren hatten, herrschten sie faktisch noch fast unumschränkt über die zum Gutsbezirk gehörenden Bauern, Tagelöhner und Landarbeiter. Oft besaßen sie noch die Polizeigewalt und hatten richterliche Befugnisse, als Wahlvorsteher überwachten sie die offene Stimmabgabe. Das Verhältnis zu ihren Untergebenen war meist streng patriarchalisch – im Guten wie im Schlechten.
- **Groß- und Vollbauern, Klein- und Zwergbauern:** Während es den Gutsbesitzern sowie Groß- und Vollbauern aufgrund ihres umfangreichen Landbesitzes, des durch die Verstädterung wachsenden Binnenmarkts und ihrer Fähigkeit zur Mechanisierung wirtschaftlich relativ gut ging, führten die vielen Klein- und Zwergbauern regelrechte Kümmerexistenzen. Für den Markt konnten sie kaum produzieren, vielmehr waren sie oft auf einen Nebenerwerb angewiesen.
- **Landarbeiter und Gesinde:** Landarbeiter und ihre Familien stellten bevölkerungsmäßig den weitaus größten Teil aller Landbewohner. Die meisten waren sesshafte Tagelöhner, die von Gutsherren oder Großbauern in Lohnarbeit beschäftigt wurden. Das aus Knechten und Mägden bestehende und unmittelbar auf den Höfen arbeitende Gesinde erhielt Kost und Logis sowie ein kleines Taschengeld und unterstand der Disziplinargewalt des Hausherrn. Die materielle Lage der Landarbeiter und des Gesindes war äußerst kärglich. So nimmt es nicht wunder, dass viele das Land verließen und in den rasch wachsenden städtischen Industriegebieten nach besseren Lebens- und Arbeitsbedingungen suchten.

3.7 Frauenrolle und Frauenarbeit

Während der Kaiserzeit veränderte sich auch die Lage der Frauen allmählich. Ursächlich dafür waren neben allgemeinen gesellschaftlichen Modernisierungstendenzen die Bedürfnisse der Industriewirtschaft und des wachsenden Verwaltungsapparats sowie vor allem die Bemühungen einer sich in der zweiten Hälfte des 19. Jahrhunderts bildenden **Frauenbewegung.** So wandelten sich die **rechtliche Stellung** der Frauen und ihre **Funktion im Arbeitsprozess** schrittweise, das traditionelle **Rollenverständnis der Geschlechter** blieb jedoch weitgehend erhalten.

Rechtliche Stellung

Frauen galten zunächst nicht als eigene Rechtssubjekte, sondern unterstanden dem Vater bzw. nach ihrer Eheschließung dem Ehemann. Dieser entschied in allen häuslichen Angelegenheiten und besaß auch die Verfügungsgewalt über Vermögen oder Einkommen der Frau. Frauen besaßen kein Wahlrecht, konnten ohne Zustimmung des Mannes weder Verträge abschließen noch einer Erwerbstätigkeit nachgehen noch Prozesse führen. Erst das Bürgerliche Gesetzbuch von 1900 trug den veränderten Bedingungen der Industriewirtschaft Rechnung und verbesserte die Stellung der Ehefrauen etwas. Ein Mann konnte seiner Frau jetzt nicht mehr ohne Weiteres eine Berufstätigkeit verbieten. Zuvor musste er einem Vormundschaftsrichter seine Gründe plausibel machen. Im Großen und Ganzen blieben die Frauen jedoch weiterhin **unter männlicher Vormundschaft.**

Rollenverständnis

Das traditionelle Rollenverständnis der Geschlechter veränderte sich zunächst kaum. Familie und Haushalt galten als Bereiche der Frauen, Berufswelt, Öffentlichkeit und Politik als Domäne der Männer. Weibliche Berufstätigkeit wurde nur als Notbehelf oder Übergangsstation bis zur Gründung einer Familie angesehen.

Frauenarbeit

Neben den überkommenen weiblichen Arbeitsbereichen – auf dem Land als Gesinde, Tagelöhnerinnen oder Bauersfrauen, in der Stadt als Dienstboten oder zuweilen auch als Kleinhändlerinnen oder Kleingewerbetreibende – eröffneten sich den Frauen im Rahmen der modernen Industriegesellschaft neue Arbeitsfelder:

- als **angelernte Arbeitskräfte** im Textil-, Bekleidungs-, Reinigungs- und Nahrungsgewerbe mit meist geringer Entlohnung;
- im **Nebenerwerb** als Wäscherinnen oder Näherinnen, als Heimarbeiterinnen bei der Produktion von Kurzwaren, Spielzeug usw.;
- als **Angestellte** in Kaufhäusern, in der Verwaltung, bei Behörden, Kranken- und Pflegeanstalten (Verkäuferin, Sekretärin, Telefonistin, Krankenschwester);
- in **akademischen Berufen**, als Frauen ab 1900 sukzessive zum Universitätsstudium zugelassen wurden; bevorzugte Berufsziele waren Lehrerin oder Ärztin.

Basiswissen **Frauenbewegung**

Die **bürgerliche Frauenbewegung** entstand Mitte des 19. Jahrhunderts nach angelsächsischem Vorbild unter gebildeten Frauen. Ihre Ziele waren:

- **gleiche Bildungschancen** wie die Männer und
- **volle Gleichberechtigung** in rechtlicher, politischer und beruflicher Hinsicht.

Als Dachverband einer Vielzahl von Organisationen wurde 1894 der **Bund Deutscher Frauenvereine** gegründet; um 1914 hatte er etwa 300 000 Mitglieder.

Daneben gab es eine **christlich-konfessionelle Frauenbewegung,** die karitativsoziale Ziele verfolgte und mehr Rechte in den Gemeinden anstrebte.

Die **sozialistische Frauenbewegung** sah in der Frauenfrage vornehmlich ein Produkt der Klassenverhältnisse. Sie erwartete die Verwirklichung der Gleichberechtigung der Frau von einer sozialistischen Umgestaltung der Gesellschaft und schloss sich eng an die SPD an.

4
Imperialismus – Ursachen und Kennzeichen

Der in der zweiten Hälfte des 19. Jahrhunderts aufkommende Imperialismus hatte mehrere Ursachen und verschiedene Facetten. In ihm bündelten sich neuzeitliche Tendenzen der Globalisierung mit expansiven Machtgelüsten der Nationalstaaten und ökonomischen Bestrebungen des modernen Industriekapitals. Gleichzeitig diente der Imperialismus häufig als nach außen ableitendes Ventil für innere Spannungen und soziale Probleme. Unterfüttert wurde er von rassistischen und sozialdarwinistischen Rechtfertigungsideologien. Zwischen etwa 1870 und 1914 führte der Imperialismus schließlich zur weitgehenden Aufteilung der Welt unter den Großmächten und gipfelte schließlich in der Katastrophe des Ersten Weltkriegs.

Basiswissen **Imperialismus**

Das Wort Imperialismus leitet sich vom lateinischen *imperium* (Herrschaft) ab (Imperium Romanum = römisches Weltreich). Im 19. Jahrhundert bezeichnete man das britische Weltreich als British Empire. Der Begriff Imperialismus wurde erstmals in Frankreich auf das Machtstreben Napoleons III. ab 1852 angewandt.

Beim Imperialismus des späten 19. und frühen 20. Jahrhundert kann man drei miteinander in Wechselbeziehung stehende Aspekte unterscheiden:

1. Imperialismus war die **Expansionspolitik der Großmächte,** die ihre Macht ausdehnen wollten und besonders in Übersee nach neuen Territorien als **Rohstoffquellen** und **Absatzmärkten** suchten. Dabei galt es, möglichst viele Gebiete direkt oder indirekt unter Kontrolle zu bringen. Ab dem Ende des 19. Jahrhunderts führte dieses Expansionsstreben zu Konflikten zwischen den Großmächten und schließlich zum Krieg.
2. Kennzeichnend war weiterhin die Verbindung mit **nationalistischen und rassistischen Ideologien** und einem zivilisatorischen **Sendungsbewusstsein.**
3. Imperialismus war darüber hinaus ein **Wechselprozess zwischen Zentrum und Peripherie,** zwischen nationalistischen und ökonomischen Bestrebungen der Großmächte einerseits und der Bereitschaft zur Kollaboration oder dem Willen zum Widerstand aufseiten der einheimischen Gesellschaften Asiens und Afrikas und ihrer Machthaber andererseits.

Auch nach dem **Ende der Kolonialreiche** nach dem Zweiten Weltkrieg spricht man zuweilen noch von Imperialismus und meint damit die ökonomische und strukturelle Abhängigkeit der Länder der Dritten Welt.

4.1 Imperialismus und europäische Weltaneignung

In der Regel begrenzt man das Zeitalter des Imperialismus auf den Zeitraum zwischen etwa 1870 und dem Ersten Weltkrieg oder spätestens bis zur Dekolonisierung nach dem Zweiten Weltkrieg. Als besondere Merkmale dieser modernen Form des Imperialismus gelten die von nationalistischen, ökonomischen und sozialen Motiven bestimmte Aufteilung Asiens und Afrikas zwischen den großen Mächten sowie die dabei zutage tretenden Rivalitäten. Das ist jedoch eine zu eurozentristische Betrachtungsweise. Nicht nur aus Sicht der Betroffenen, der unterworfenen Völker und ihrer Machthaber, sondern auch weltgeschichtlich betrachtet, war der Imperialismus nämlich keineswegs nur eine auf einige Jahrzehnte begrenzte Phase, sondern vielmehr ein jahrhundertelanger Prozess der europäischen Expansion und Weltaneignung. Dieser setzte mit den Entdeckungsreisen des 15./16. Jahrhunderts ein und mündete in das heute allgegenwärtige Phänomen der Globalisierung. Im Verlauf dieses Prozesses gab es zweifellos Brüche und Entwicklungsschübe und auch die Formen der imperialen Herrschaft veränderten sich. Doch insgesamt überwogen – zumindest aus Sicht der überseeischen Gebiete – eher die Kontinuitätslinien.

Basiswissen **Globalisierung**

Unter Globalisierung versteht man heute die **weltweite wirtschaftliche, politische und kulturelle Vernetzung,** die durch die modernen Kommunikationstechniken begünstigt wird. In historischer Perspektive hat es solche Globalisierungstendenzen schon früh gegeben. Sie begannen mit antiken **Fernhandelsverbindungen** zwischen den alten Hochkulturen des Vorderen Orients, Indiens und Chinas, setzten sich mit der kulturellen **Verflechtung des mittelalterlichen Europas** fort und erreichten mit dem **Ausgreifen der Europäer nach Übersee** ab dem 15. Jahrhundert einen ersten Höhepunkt. Besondere Schubkraft erhielt die Globalisierung dann ab Mitte des 19. Jahrhunderts bis zum Ersten Weltkrieg, als die europäischen Großmächte im Zeichen des **Imperialismus** nahezu die gesamte bekannte Welt unter sich aufteilten.

Entstehung der alten Kolonialreiche

Am Anfang standen zwei weltgeschichtlich höchst bedeutsame Ereignisse:

- Die **Aufteilung der Welt zwischen Spanien und Portugal** durch den Papst (Vertrag von Tordesillas, 1494) und die Errichtung des **spanischen Kolonialreichs** in Lateinamerika und des **portugiesischen Kolonialreichs,** das aus Brasilien und einem Netz von Stützpunkten an den Küsten Afrikas, Indiens und in der asiatischen Inselwelt (Indonesien) bestand.
- Die **Bildung der europäischen Handelskompanien** und die Errichtung ihrer von Kaufleuten kontrollierten **Handelsreiche in Indien** (East India Company, EIC) **und Ostasien** (Vereenigde Oostindische Compagnie, VOC) ab 1600.

Ab etwa 1800 verloren die schwach gewordenen alten Kolonialmächte Spanien und Portugal große Teile ihres Überseebesitzes. Die amerikanischen Kolonien konnten in einem Freiheitskampf ihre Unabhängigkeit gewinnen. Briten und Niederländer hingegen wandelten ihre Handelsreiche schrittweise zu kolonialen Territorialherrschaften um.

Entdeckung und Erkundung der Welt

Wegweisend für die Durchdringung der Welt mit abendländischer Zivilisation waren auch die im 18. Jahrhundert beginnenden großen Expeditionsreisen. Bei diesen spielten zwar auch politische oder ökonomische Motive eine Rolle, im Vordergrund standen jedoch **Forscherdrang** und **wissenschaftliches Interesse.** So gingen z. B. britische Forschungsreisen des 18. und 19. Jahrhunderts meist auf Initiativen der königlichen Akademie der Wissenschaften (Royal Society) oder der Geografischen Gesellschaft (Royal Geographical Society) zurück. Ohne es immer unbedingt zu wollen, wurden diese Forscher zu Wegbereitern der europäischen Expansion.

Basiswissen Forschungsreisen des 18. und 19. Jahrhunderts

Der Franzose Louis Antoine de Bougainville und der Brite James Cook erkundeten in der zweiten Hälfte des 18. Jahrhunderts die Inselwelt der Südsee und des Pazifik sowie Australien und Neuseeland.

Der Deutsche Alexander von Humboldt erforschte Anfang des 19. Jahrhunderts Geografie und Geologie, Tiere und Pflanzen Mittel- und Südamerikas.

Afrikareisende wie die Deutschen Heinrich Barth, Gerhard Rohlfs und Gustav Nachtigal oder die Briten Henry Morton Stanley und David Livingstone erkundeten ab Mitte des 19. Jahrhunderts das bis dahin weitgehend unbekannte Innere des „schwarzen Kontinents“.

Die Präsentation dieser Expeditionen und ihrer Forschungsergebnisse vor einer interessierten Öffentlichkeit avancierte in Europa zu einem **Medienereignis.** Man bewunderte die wagemutigen Abenteurer und bestaunte fasziniert das Exotisch-Fremde aus fernen Welten. Geheime **Sehnsüchte nach dem Paradies** wurden dabei genauso angesprochen wie der urtümliche **Schauder vor dem Wilden.** In Völkerkundemuseen und Schauveranstaltungen präsentierten geschäftstüchtige Unternehmer einem weißen Publikum nun wilde Tiere und „primitive“ Schwarze.

Menschen werden wie Ausstellungstücke vorgeführt. Diese Werbung von 1913 dokumentiert das Überlegenheitsgefühl der Kolonialherren.

Geografie und die Perspektive des Raums

Die Forschungsreisen dienten nicht zuletzt der Vermessung und Kartierung der noch fremden Gebiete. So wurde die **Geografie** im 19. Jahrhundert zu einer Art **Leitwissenschaft der europäischen Expansion.** In allen europäischen Zentren wurden nun geografische Gesellschaften gegründet, zuerst 1821 in Paris, dann 1828 in Berlin und 1830 in London. Von dort ausgehend erkundeten und beschrieben Forscher die bisher unbekannten Räume der Erde und eröffneten so **geopolitische Perspektiven** für eine künftige Aufteilung und Inbesitznahme dieser Territorien.

Geschichte und Weltherrschaftsvisionen

Nicht nur die räumliche, auch die zeitliche Dimension des Weltgeschehens kam ab dem 18. Jahrhundert verstärkt in den Blick. Das hatte Konsequenzen für das Selbstbild und die Zukunftsvisionen der europäischen Mächte:

- **Geschichte** wurde nicht mehr als göttlich bestimmte Heilsgeschichte oder als feststehender, von Gott geordneter Zustand angesehen, sondern – analog zur darwinschen Evolutionstheorie – **als sich ständig verändernder Prozess,** der durch das Handeln der Menschen beeinflusst werden konnte.
- **Geschichte** wurde als **Fortschrittsbewegung** von niedrigen Stufen der Menschheitsentwicklung zu den höchsten Stufen der Zivilisation verstanden, bei der die westlichen Abendländer die Avantgarde bildeten (vgl. Kap. 2.4).
- Die aus der christlich-abendländischen Geschichtstradition stammende Vorstellung von sich ablösenden **Weltreichen** und die geschichtlich gewachsene Überzeugung, dass **Macht und Wohlstand auf Eroberung und Unterwerfung fremder Völker beruhten,** wurden von den alten und den jungen, neu gebildeten Nationen des 19. Jahrhunderts als Rechtfertigungsideologie und politische Leitvorstellung übernommen (vgl. Kap. 4.2).

Christliche Mission

Ähnlich wie die Forschungsreisenden waren auch die christlichen Missionare **Wegbereiter der europäischen Expansion.** Bereits die ersten Kolonialreiche der Spanier und Portugiesen wurden im Zeichen des Kreuzes errichtet. Ab Anfang des 19. Jahrhunderts entstanden in Europa zahlreiche neue Missionsgesellschaften, die ihre Sendboten nach Afrika und Asien schickten. Diese verbreiteten dort – oft verbunden mit nationalem Pathos und zivilisatorischem Sendungsbewusstsein – abendländische Werte und Lebensgewohnheiten und bereiteten so den Boden für nachfolgende europäische Händler und Verwaltungsbeamte.

4.2 Imperialismus als Weltmachtstreben

In der zweiten Hälfte des 19. Jahrhunderts nahm die europäische Expansion eine besonders dynamische und aggressive Form an. Zwei folgenreiche historische Umwandlungsprozesse innerhalb Europas zeichneten dafür verantwortlich:

- die **Verschiebungen innerhalb des europäischen Mächtesystems,** die u. a. durch die **Bildung neuer Nationalstaaten** (Italien, Deutschland) hervorgerufen wurden

und zu neuem Machtstreben, verstärkten Rivalitäten und Expansionsanstrengungen führten;
- die durch die Industrialisierung bewirkten **ökonomischen und sozialen Veränderungen** in den Gesellschaften der führenden Staaten.

Weltmachtstreben

Das Verhältnis der europäischen Staaten war in der zweiten Hälfte des 19. Jahrhunderts wesentlich von zwei Faktoren bestimmt:

- Das durch die Regelungen des Wiener Kongresses sorgsam austarierte **Gleichgewicht** zwischen den fünf europäischen Großmächten war durch den Krimkrieg (vgl. Kap. 1.3, S. 13) und die Gründung des Deutschen Reichs **erheblich gestört.** Frankreich und Russland wollten die verloren gegangene alte Machtstellung wiedererlangen, Deutschland wollte seine neu gewonnene Position sichern, Österreich den von der Auflösung bedrohten Vielvölkerstaat erhalten und Großbritannien war daran gelegen, die verlorene Balance in Europa wiederherzustellen.
- Bei den europäischen Machthabern hatte sich die aus der darwinschen Evolutionslehre stammende Überzeugung festgesetzt, dass **nur die starken Völker und Staaten überleben.** Sie setzten alles daran, für das eigene Land eine möglichst machtvolle Stellung in der Welt zu erringen. Und Macht beruhte nach allgemeiner Überzeugung auf Herrschaft über fremde Territorien und Menschen, also auf möglichst großem Kolonialbesitz in Übersee und einer damit zusammenhängenden politischen und ökonomischen Überlegenheit. Die Alternative aus ihrer Sicht war: Aufstieg zur **Weltmacht oder Niedergang** zu einer minderwertigen Nation.

Der britische Kolonialminister Joseph Chamberlain (1836–1914) fasste in einer Rede im Jahr 1897 diesen Gedanken pointiert zusammen:

Es scheint mir ein Zeichen unserer Zeit zu sein, dass sich die Macht in den Händen der größeren Reiche konzentriert und die kleineren Königreiche – jene, die nicht expandieren – in eine zweitrangige Rolle zurückfallen werden.

Und der deutsche Historiker Heinrich von Treitschke äußerte sich in einem Vortrag um 1890 in gleicher Weise:

Die ganze Entwicklung unserer Staatengesellschaft geht also unverkennbar darauf aus, die Staaten zweiten Ranges zurückzudrängen. Und da eröffnen sich, wenn wir die nichteuropäische Welt mit in Betracht ziehen, unendlich ernste Aussichten auch für uns. Bei der Verteilung dieser nichteuropäischen Welt unter die europäischen Mächte ist Deutschland bisher immer zu kurz gekommen, und es handelt sich doch um unser Dasein als Großstaat bei der Frage, ob wir auch jenseits der Meere eine Macht werden können. Sonst eröffnet sich die grässliche Aussicht, dass England und Russland sich die Welt teilen, und da weiß man wirklich nicht, was unsittlicher und entsetzlicher wäre, die russische Knute oder der englische Geldbeutel. Sehen wir näher hin, so ist doch deutlich, dass, wenn der Staat Macht ist, eben nur der Staat, der wirklich mächtig ist, seiner Idee entspricht.

Aus diesen Grundüberzeugungen erwuchs ein **sozialdarwinistisch geprägtes Konkurrenzdenken,** das die Leistungskraft der eigenen Nation und äußeres Prestige wertschätzte, der eigenen Nation möglichst große Handlungsspielräume zu verschaffen suchte und darüber hinaus bestrebt war, ähnlichen Absichten der rivalisierenden Nationen zuvorzukommen. Daher herrschte im Verhältnis der europäischen Mächte in dieser Zeit ein **Klima der Nervosität, des Argwohns und des Neids.**

Ausdehnung von Handel, Industrie und Zivilisation

Eine Stellung als Weltmacht basierte – davon waren die Zeitgenossen überzeugt – auf wirtschaftlicher Stärke und Unabhängigkeit. Und diese waren in Zeiten wachsender internationaler Konkurrenz, so meinte man, nur durch Ausbreitung über die nationalen Grenzen zu gewährleisten. Nur so konnte man neue Märkte und die nötigen Rohstoffe für die eigene Industrie gewinnen sowie neue lukrative Kapitalanlagemöglichkeiten erschließen. Wirtschaftliche Ausbeutung durch Handel wie zu Zeiten der alten Handelskompanien reichte nicht mehr, vielmehr sollte der Staat überseeische Gebiete in Besitz nehmen, um sich deren sämtliche Ressourcen verfügbar machen zu können. Der britische Politiker J. Lawson Walton drückte diese Überlegung 1899 folgendermaßen aus:

> Wir sind eine industrielle Gesellschaft, die hauptsächlich von unserem Handel mit der Welt lebt. Wo unser Kapital und unsere Unternehmungen Wege für unseren Handel geschaffen haben, dürfen diese nicht durch feindliche Zölle geschlossen werden. Wo wir Märkte für unsere Güter erschlossen haben, müssen wir uns den Zugang gemäß dem Prinzip der „offenen Tür" erhalten. Die Okkupation von herrenlosen Gebieten auf dem Erdball ist in der Regel moralisch gerechtfertigt und darüber hinaus ökonomisch ratsam, wenn der Schritt notwendig ist, um die Errichtung von Handelsmonopolen abzuwenden.

Begleitet und ermöglicht wurde diese Inbesitznahme außereuropäischer Territorien durch die industriellen und technologischen Neuerungen des 19. Jahrhunderts:

- Erschließung der Gebiete durch Bau von **Eisenbahnen,**
- Verbindungen nach Übersee durch schnelle **Dampfschiffe,**
- verbesserte Kommunikation durch **Telegrafie** und **Überseekabel,**
- überlegene **Waffentechnologie** und
- **medizinischen Schutz** gegen Tropenkrankheiten.

Die augenfällige Überlegenheit der westlichen Mächte gegenüber den „unzivilisierten Völkern" bestärkte diese in ihrer Überzeugung, die Segnungen der abendländischen Zivilisation in alle Welt verbreiten zu müssen, notfalls mit Gewalt.

4.3 Imperialismus als Ventil gegen soziale und politische Spannungen

Imperialistische Expansion konnte – davon waren die meisten zeitgenössischen Politiker überzeugt – auch zur **Entschärfung** der sog. **sozialen Frage** dienen. Die durch die Industrialisierung hervorgerufenen tief greifenden sozialen und ökonomischen Umwälzungen sowie die Krisen, die sie begleiteten, bargen eine erhebliche Sprengkraft für die traditionelle Gesellschaftsordnung. Durch die Expansion nach außen hoffte man,

- das **Wachstum der Wirtschaft zu fördern** und dadurch die wirtschaftlichen Probleme zu lösen,
- die gesellschaftlichen Spannungen zwischen Arm und Reich und die drängenden **sozialen Nöte zu lindern** und
- die politischen **Machtverhältnisse im Innern zu stabilisieren** und dadurch einen Umsturz zu verhindern.

Dieser Aspekt des Imperialismus wird von Historikern mit dem Begriff **Sozialimperialismus** bezeichnet. Hans-Ulrich Wehler (* 1931), der diesen Gedanken, an John A. Hobson (1858–1940) anknüpfend, zu einer Theorie weiterentwickelt hat, fasst dessen Funktion folgendermaßen zusammen:

Der Sozialimperialismus war die moderne, in entscheidendem Maße sozialökonomisch motivierte Form einer alten [...] Herrschaftstechnik: um der Bewahrung des sozialen und politischen Status quo willen die inneren Bewegungskräfte und Spannungen nach außen abzulenken.

In den Augen der Zeitgenossen hatte der Imperialismus noch weitere für die Nation nützliche soziale Funktionen:

- **Problem- und Randgruppen** konnten in überseeische Gebiete **exportiert** und so die eigene Gesellschaft „entlastet" werden. Das bekannteste Beispiel war Australien, das ursprünglich als britische Sträflingskolonie diente. Aber auch in Deutschland diskutierte man im 19. Jahrhundert die Aussiedlung von Sozialdemokraten oder Juden in koloniale Randgebiete des Reichs.
- Für **Arme, Arbeitslose** und andere, die der Gesellschaft angeblich „zur Last fielen", konnten **Betätigungsfelder in Übersee** geschaffen werden, wo sie sinnvollen Arbeiten nachgehen und so dem Vaterland nützlich werden konnten (Erschließungsarbeiten, Eisenbahnbau usw.).
- Der **Auswanderungsverlust** gesellschaftlich und wirtschaftlich sog. **wertvoller Kräfte** konnte **durch die Schaffung von eigenen Siedlungskolonien verhindert** werden. Auf diesen angesichts der deutschen Massenauswanderung nach Amerika im 19. Jahrhundert besonders brisanten Aspekt wies auch der deutsche Historiker Heinrich von Treitschke im bereits zitierten Vortrag hin:

Wie viele der köstlichsten Kräfte haben wir durch die Auswanderung eingebüßt und büßen wir noch täglich ein, ohne dafür auch nur den geringsten Ersatz zu bekommen; Arbeitskraft wie Kapital der Auswanderer ist für uns verloren. Welche unermesslichen finanziellen Vorteile würden diese Leute als Kolonisten bieten.

4.4 Rechtfertigungsideologien und imperialistische Konzepte

Neben dem Weltmachtstreben gab es etliche weitere ideologische Rechtfertigungskonstruktionen, die die imperialistischen Aktivitäten legitimieren sollten.

Zivilisatorisches Sendungsbewusstsein

Die Überzeugung von der Überlegenheit der westlich-abendländischen Zivilisation und Kultur sowie das Bestreben, christlich-humane Werte gegen angeblich barbarische Sitten der „Wilden" und die in Afrika weitverbreitete Sklaverei durchzusetzen, brachten ein zivilisatorisches Sendungsbewusstsein aufseiten der imperialistischen Mächte hervor. Dadurch sahen sie ihr Vorgehen gerechtfertigt. Typisch ist das Gedicht „The White Man's Burdon" des britischen Journalisten und Schriftstellers Rudyard Kipling (1865–1936) aus dem Jahr 1899. Dort spricht er von der „Bürde des weißen Mannes", der die wilden und unzivilisierten Völker, „halb Teufel, halb Kind", zähmen und ihnen Nahrung und medizinischen Fortschritt bringen müsse.

Rassismus und Sozialdarwinismus

Mit den im 19. Jahrhundert entstandenen Theorien des Rassismus und des Sozialdarwinismus verfügten die imperialistischen Mächte über zwei scheinbar wissenschaftlich fundierte Rechtfertigungsideologien.

Rassismus

Der Rassismus stellt eine scheinbar wissenschaftlich begründete Geschichts- und Kulturtheorie dar, die von der Ungleichheit der Rassen ausgeht und nur der weißen Rasse schöpferische Kraft zuschreibt. Sie wurde vor allem von dem Franzosen Arthur de Gobineau (1816–82) entwickelt und von dem Kulturphilosophen englischer Herkunft Houston Stewart Chamberlain (1855–1927) in Deutschland populär gemacht. Nach Chamberlain führt eine Rassenmischung zur Degeneration der höherwertigen Rasse. Geschichte sei als Rassenkampf zu verstehen.

Sozialdarwinismus

Rassistische Vorstellungen wurden meist mit sozialdarwinistischen verknüpft. Der Sozialdarwinismus übertrug die Forschungsergebnisse Charles Darwins (1809–1882) über die Entstehung der Arten durch Auslese der biologisch Stärkeren auf gesellschaftliche Verhältnisse. Ein wichtiger Vertreter dieser Lehre war der Brite Herbert Spencer (1820–1903), der die Formel vom „Überleben des Stärksten" prägte sowie das Recht des Stärkeren und den Kampf ums Dasein propagierte.

Die 1892 fertiggestellte Telegrafenlinie vom Kap bis Kairo war Gegenstand einer Karikatur in der Satirezeitschrift „Punch" mit dem Titel „The Rhodes Colossus". Die Haltung des mit Tropenhelm und Gewehr ausgestatteten Kolonialpolitikers Cecil Rhodes erinnert an den Koloss von Rhodos (engl. Rhodes). Die als eins der sieben Weltwunder geltende Statue, die mit gespreizten Beinen über der Hafeneinfahrt stand, wurde 227 v. Chr. zerstört.

In seiner Schrift „Draft of Ideas“ (1877) kombinierte der Brite Cecil Rhodes rassistisches Denken mit einem ausgeprägten zivilisatorischen Sendungsbewusstsein:

Ich behaupte, dass wir die erste Rasse in der Welt sind und dass es für die Menschheit umso besser ist, je größere Teile der Welt wir bewohnen. […] Da (Gott) sich die englischsprechende Rasse offensichtlich zu seinem auserwählten Werkzeug geformt hat, durch welches er einen auf Gerechtigkeit, Freiheit und Frieden gegründeten Zustand der Gesellschaft hervorbringen will, muss es auch seinem Wunsch entsprechen, dass ich alles in meiner Macht Stehende tue, um jener Rasse so viel Spielraum und Macht wie möglich zu verschaffen.

Biografie **Cecil Rhodes (1853–1902)**

Der Brite Cecil Rhodes war das **Musterexemplar eines imperialistischen Unternehmers, Politikers und Ideologen.** Er kam als Unternehmer in der südafrikanischen Diamanten- und Goldindustrie zu großem Reichtum. Politisch engagierte er sich im Parlament der Kapkolonie und veranlasste das Mutterland zu weiteren Kolonialerwerbungen (Betschuanaland, das heutige Botsuana, 1885, und die später nach ihm benannten Gebiete Nord- und Südrhodesien, heute Sambia und Simbabwe, ab 1889). 1890 wurde Rhodes zum **Premier der Kapkolonie** gewählt. In einem Konflikt mit der Burenrepublik Transvaal, die er mit der Kapkolonie zusammenschließen wollte, scheiterte er und musste zurücktreten. Rhodes vertrat eine groß angelegte imperiale Vision: Die Briten stellten die beste Rasse der Welt dar und hätten nicht nur die Aufgabe, alle englischsprachigen Länder zusammenzuführen, sondern auch möglichst große Teile der Welt zu beherrschen. Ein wesentlicher Teil dieser Vision war die von ihm vorangetriebene **Kap-Kairo-Linie,** eine durchgehende Verbindung aller britischen Besitzungen in Afrika von seiner Südspitze bis zum Mittelmeer durch eine Eisenbahnlinie.

Konzepte eines Großdeutschlands bzw. Greater Britain

Schon Mitte des 19. Jahrhunderts entwickelten deutsche Nationalökonomen die kontinentalimperialistische Vision eines **von Deutschland und Österreich dominierten,** sich bis zum Schwarzen Meer erstreckenden hoch industrialisierten **Großwirtschaftsraums.** Dabei sollten die **Gebiete Ost- und Südosteuropas** durch die Kontrolle der Verkehrswege (Donau, Eisenbahnbau) und Kapitalinvestitionen **in wirtschaftliche Abhängigkeit gebracht** werden und als Lieferanten von Rohstoffen und Agrarerzeugnissen, als Absatzmärkte und Transitbrücken in den Nahen Osten dienen. Die imperialistische Arbeitsteilung zwischen führenden Industrienationen und „rückständigen“ Gebieten mit vorwiegend agrarischer Ökonomie zeichnete sich bereits damals ab.

Während diese großdeutschen Pläne eher wirtschaftlich orientiert waren, trugen ähnliche Vorstellungen britischer imperialer Denker eher nationalistisch-rassistische Züge. Sie traten in Schriften wie „Greater Britain“ (Charles Dilke, 1868) oder „The Expansion of England“ (John Robert Seeley, 1883) für die **Bildung einer alle englischsprachigen Völker umfassenden Konföderation (Pananglismus)** bzw. die **Festigung und Erweiterung des Empires** ein und hofften, dadurch der von ihnen als überlegen angesehenen englischen Rasse den ihr angemessenen Platz in der Welt zu verschaffen.

Panbewegungen

Dilkes Idee eines Greater Britain gehörte zu den sog. Panbewegungen (griech. pan: ganz, gesamt), die damals in der Öffentlichkeit ein breites Echo fanden. Außer dem von Dilke propagierten Pananglismus spielten besonders der Pangermanismus und der Panslawismus eine wichtige politische Rolle.

- **Pangermanismus:** Die völkisch-nationalistisch ausgerichtete pangermanische Bewegung strebte zunächst einen Zusammenschluss aller deutschsprachigen Völker in Europa zu einer Art **Großdeutschland** an. Darüber hinaus gab es vereinzelt weiter gehende Pläne von einem sog. **Germanischen Großreich,** das die „rassisch verwandten" Skandinavier, Engländer, Niederländer und Flamen einbeziehen sollte.
- **Panslawismus:** Die panslawistische Bewegung entstand im frühen 19. Jahrhundert und strebte zunächst den kulturellen und politischen **Zusammenschluss aller slawischen Völker** Russlands und des Balkans an. Im Vielvölkerstaat Österreich-Ungarn avancierte der Panslawismus zur nationalen **Befreiungsideologie.** Nach dem Krimkrieg nutzte **Russland** den Panslawismus **für imperialistische Zwecke,** um seinen Einfluss auf dem Balkan und im östlichen Mitteleuropa zu stärken. Als Gegengewicht zum germanischen und romanischen Westeuropa sollten sich die Slawen Osteuropas unter der Führung Russlands zusammenschließen. Auf dem Balkan waren es vor allem die Slawen, die sich diesen Zukunftsvisionen anschlossen.

4.5 Kritik am Imperialismus

Etliche Gruppierungen, Bewegungen und Einzelpersonen unterschiedlicher politischer Ausrichtung versuchten sich dem herrschenden nationalistischen, imperialistischen und militaristischen Trend entgegenzustellen.

- **Solidarischer Internationalismus und Friedensbewegung:** Kleine Friedens- und Abrüstungsbewegungen, Christen und Humanisten, Linksliberale und Gewerkschafter, entschiedene Demokraten und einzelne Intellektuelle lehnten die ökonomische und politische Rivalität der Nationen und den Krieg als Mittel der Politik ab. Stattdessen plädierten sie für eine solidarische Völkergemeinschaft, die ihre Probleme friedlich lösen sollte. Diese Gruppen blieben jedoch zunächst vereinzelt und konnten keine politische Schlagkraft gewinnen. Erst die Schrift „Die Waffen nieder!" der Österreicherin Bertha von Suttner (1843–1914) aus dem Jahr 1889, die bald darauf folgende Gründung von **Friedensgesellschaften** und die Stiftung des **Friedensnobelpreises** brachten der internationalen Friedensbewegung eine größere Aufmerksamkeit.
- **Liberalkapitalistischer Antiimperialismus:** Ökonomen, die am klassischen Liberalismus festhielten und Einfuhrzölle, Kartelle und Monopole zum Schutz der einzelnen Volkswirtschaften verschmähten, waren der Überzeugung, dass dem Wohl aller Menschen am meisten gedient sei, wenn alle Nationen friedlich miteinander verkehrten und freien Handel trieben. Eroberungen und Gewaltmaßnahmen seien nur kontraproduktiv und mit hohen Kosten verbunden. Aus diesem

Grund lehnten sie von nationalistischen Motiven bestimmtes Konkurrenzdenken und protektionistische Wirtschaftspolitik grundsätzlich ab.

- **Sozialistischer Antiimperialismus:** Nach Ansicht der Sozialisten zeichneten das Großkapital und die hinter ihm stehenden Gesellschaftsklassen für den Imperialismus verantwortlich. Sie stellten daher dem übersteigerten Nationalismus und expandierenden Kapitalismus die **internationale Solidarität der Arbeiterklasse und die Abschaffung des kapitalistischen Systems** entgegen. Anfang des 20. Jahrhunderts allerdings konnte sich die 1889 gegründete Zweite Internationale der europäischen Arbeiterparteien hinsichtlich des Kolonialerwerbs und eines möglichen Kriegs zu keiner einheitlichen Haltung mehr durchringen. Bei einem Kongress im Jahr 1907 lehnte nur eine knappe Mehrheit Kolonialpolitik ab. Im Kriegsfall sollte man auf ein schnelles Ende des Kriegs hinarbeiten und zugleich die Krise nutzen, um die sozialistische Revolution voranzutreiben. Gleichzeitig erkannte man das Recht auf nationale Selbstverteidigung an.
- **Imperialismuskritik in den Kolonialgebieten:** Kritik in den betroffenen Kolonialgebieten äußerten vornehmlich Intellektuelle. Dabei orientierten sich ihre Ideen von **nationaler Befreiung** sowie **kultureller und religiöser Selbstverwirklichung** an abendländischen Vorbildern. Außerdem entstanden zwei **antiimperialistische Panbewegungen:** im 19. Jahrhundert im Osmanischen Reich der **Panislamismus,** der die Einheit der Muslime gegenüber den Kolonialmächten betonte, und Anfang des 20. Jahrhunderts in afroamerikanischen Kreisen der Karibik und der USA der **Panafrikanismus,** der ein Ende von Unfreiheit und Sklaverei und die Rückkehr aller Schwarzen nach Afrika forderte.

4.6 Imperialismustheorien

Schon früh haben Historiker, Ökonomen und Politiker versucht, das Phänomen des Imperialismus theoretisch zu erfassen. Sie entwickelten etliche sog. Imperialismustheorien, die sich trotz inhaltlicher Gemeinsamkeiten in Schwerpunktsetzung und Ursachenanalyse deutlich unterscheiden.

- **Ökonomische Imperialismustheorie:** Bereits 1902 veröffentlichte der britische Nationalökonom John A. Hobson seine Studie „Imperialism". Für ihn hatte **der moderne Imperialismus** vor allem **wirtschaftliche Ursachen.** Eine im Maschinenzeitalter zunehmende und die Kaufkraft der heimischen Bevölkerung übersteigende Überproduktion in den Industriestaaten führe zu dem Bestreben der Kapitaleigner, neue Absatzmärkte, Rohstoffquellen und Produktionsorte in Übersee zu erschließen. Der imperialistische Staat handle mithin im Interesse verschiedener Kapitalgruppen, was für ihn mit hohen Kosten und Risiken verbunden sei und den Interessen der Allgemeinheit zuwiderlaufe. Hobson fasste seine Imperialismustheorie folgendermaßen zusammen:

Imperialismus ist das Bestreben der großen Industriekapitäne, den Kanal für das Abfließen ihres überschüssigen Reichtums dadurch zu verbreitern, dass sie für Waren und Kapitalien, die sie zu Hause nicht absetzen oder anlegen können, Märkte und Anlagemöglichkeiten im Ausland suchen.

- **Marxistische Imperialismustheorie:** Hobsons Interpretationsansatz übte besonders auf sozialistische Theoretiker einen starken Einfluss aus. Rosa Luxemburg (1871–1919) betonte in ihrem 1913 erschienenen Werk „Die Akkumulation des Kapitals“, dass das Kapital zu seiner ständigen Vermehrung auf die Naturschätze und Arbeitskräfte der ganzen Welt angewiesen sei. Mithilfe der staatlichen Kolonialpolitik versuche das Kapital nun, Zugriff auf neue Rohstoffe zu erlangen und die noch in vorkapitalistischen Verhältnissen befindlichen Arbeitskräfte der außereuropäischen Welt in das kapitalistische Lohnsystem zu integrieren. Imperialismus sei daher der **politische Ausdruck des Konkurrenzkampfs des Kapitals um die globalen Ressourcen.**
  Darauf aufbauend entwarf Wladimir I. Lenin (1870–1924) seine Imperialismustheorie. In seiner Schrift „Der Imperialismus als höchstes Stadium des Kapitalismus“ (1917) behauptete er, der Imperialismus sei das **Endstadium des Kapitalismus,** der von der freien Konkurrenz zur Bildung von Monopolen übergegangen sei. Dieses Stadium sei durch folgende **fünf Merkmale** gekennzeichnet: (1) Konzentration von Produktion und Kapital zu Monopolen; (2) Verschmelzung von Bank- und Industriekapital und Bildung einer Finanzoligarchie; (3) Zunahme des Kapitalexports; (4) Bildung internationaler Kapitalistenverbände, die die Welt unter sich aufteilen; (5) Aufteilung der Welt unter den kapitalistischen Großmächten. Zusammenfassend formulierte Lenin:

> Der Imperialismus ist der Kapitalismus auf jener Entwicklungsstufe, wo die Herrschaft der Monopole und des Finanzkapitals sich herausgebildet, der Kapitalexport hervorragende Bedeutung gewonnen, die Aufteilung der Welt durch die internationalen Trusts begonnen hat und die Aufteilung des gesamten Territoriums der Erde durch die größten kapitalistischen Länder abgeschlossen ist.

- **Sozialimperialismustheorie:** Bereits Hobson, der vor allem die ökonomische Motivation des Imperialismus betonte, hatte den Imperialismus auch als Ventil zum Abbau innenpolitischer Spannungen interpretiert. Daran knüpfte der deutsche Historiker Hans-Ulrich Wehler an und entwickelte vor allem am Beispiel Deutschlands die Sozialimperialismustheorie, die in Kap. 4.3 näher erläutert wurde.

- **Peripherieorientierte Imperialismustheorie:** Anfang der 1970er-Jahre legte der britische Historiker Ronald Robinson (1920–99) eine neue Imperialismustheorie vor, die erstmals die **Wechselbeziehungen zwischen den Großmächten und den Ländern an der Peripherie** in der Blick nahm. Bisher habe man in europazentrierter Sichtweise nur zwei Komponenten analysiert, nämlich die ökonomischen und die politischen Machtinteressen der westlichen Industrieländer. Diese beiden Komponenten allein führten nach Robinson nicht zwingend zum Imperialismus. Ein weiterer Faktor komme hinzu, nämlich die **Kooperationsbereitschaft bzw. der Wille zum Widerstand in den überseeischen Gesellschaften bzw. bei ihren Machthabern.** Diese hätten einen starken Einfluss auf die Art der Machtübernahme und den Charakter der Kolonialherrschaft (indirekte und kostengünstige Ausbeutung mithilfe einheimischer Kollaborateure oder direkte Herrschaft mit eigenem Verwaltungs- und Militärapparat oder sogar Verzicht auf ein Gebiet).

5 Imperialismus – Herrschaftsformen und Vorgehensweisen

Auch wenn die Epoche des modernen Imperialismus hinsichtlich der Expansion der europäischen Großmächte sowie ihrer ökonomischen, politischen und sozialen Hintergründe einheitliche Merkmale aufweist, zeigen sich doch beim Vorgehen der beteiligten Länder und bei der Art der Expansion deutliche Unterschiede. Diese hängen mit folgenden Aspekten zusammen:

- der **geografischen Lage** der Imperialmächte,
- ihren **geostrategischen Interessen,**
- ihrer **politischen Stellung** im internationalen Lager der Industriestaaten und
- dem **Verhalten der Machthaber und Völker in den Kolonialgebieten.**

5.1 Herrschaftsformen des Imperialismus

Die im Folgenden skizzierten Herrschaftsformen des Imperialismus treten kaum in Reinkultur auf. In der Regel gehen sie ineinander über, existieren nebeneinander oder vermischen sich untereinander.

5

Direkte oder formelle Herrschaft: In diesen Fall übernimmt ein imperialistischer Staat direkt die Macht in einem unterworfenen Gebiet, baut in dem kolonisierten Land einen aus eigenen Kolonialbeamten bestehenden Verwaltungsapparat mit einem Gouverneur an der Spitze auf und stationiert dort Militär, um die Bevölkerung zu kontrollieren und Aufstandsversuche schnell niederschlagen zu können. Als Beispiele für direkte Herrschaft können Frankreich und Deutschland genannt werden.

- **Vorteile:** effektive Kontrolle und wirtschaftliche Ausbeutung, Nutzung als Siedlungskolonie;
- **Nachteil:** relativ hohe Kosten für das Mutterland.

Indirekte oder informelle Herrschaft: Die Imperialmächte kontrollieren das Kolonialland indirekt, indem sie Verträge mit einheimischen Eliten abschließen, die mit ihnen kooperieren und von dieser Kollaboration in der Regel auch profitieren. Diese Herrschaftsform wurde bevorzugt bei großen und schwer erschließbaren Territorien praktiziert. Ein Beispiel für indirekte Herrschaft ist das anfängliche Vorgehen Großbritanniens in Ägypten und in Indien.

- **Vorteil:** geringe Kosten für das Mutterland;
- **Nachteil:** mehr Möglichkeiten für Autonomie- und Unabhängigkeitsbewegungen.

Wirtschaftliche Durchdringung: Die Imperialmächte schließen mit formal unabhängigen Staaten Wirtschaftsabkommen, die es ihnen ermöglichen, diese ökonomisch auszubeuten, z. B. durch Abbaukonzessionen für Bodenschätze, Gewährung von Handels- und Zollprivilegien, Möglichkeit von Kapitalexporten und Investitionen in industrielle Großprojekte. Diese Herrschaftsform wurde in China, im Osmanischen Reich und in Lateinamerika praktiziert.

- **Vorteil:** so gut wie keine Kosten für die Imperialmacht;
- **Nachteil:** Möglichkeit der abhängigen Länder, die Rivalität der Großmächte auszunutzen und den Partner zu wechseln.

5.2 Ausbau und Umformung des britischen Kolonialreichs

Anfang des 19. Jahrhunderts bestand das britische Kolonialreich aus den durch Bündnisabkommen mit einheimischen Herrschern abgesicherten Handelsstützpunkten und Territorien der privaten Ostindischen Kompanie (EIC, vgl. Kap. 4.1) in Indien, ein paar Niederlassungen an der Küste Afrikas, einigen Inseln in der Karibik und im Atlantik sowie aus Kanada und der Sträflingskolonie Australien. Die nordamerikanischen Kolonien hatten sich kurz zuvor selbstständig gemacht. Im Lauf des 19. Jahrhunderts weitete sich dieser Kolonialbesitz zum weltumspannenden britischen Empire aus. Das geschah nicht nach einem vorab entworfenen langfristigen Plan. Vielmehr wurde das Vorgehen der Briten von drei Faktoren beeinflusst:

- den jeweiligen **handels- und außenpolitischen Prioritäten der eigenen Regierung,**
- den **Bedingungen in den überseeischen Ländern** und
- dem **Verhältnis zu den anderen europäischen Mächten.**

5

Zunächst favorisierten die Briten die Prinzipien des Freihandels und der indirekten Herrschaft. So notierte der britische Außenminister Lord Henry Palmerston (1784–1865) noch 1850:

> Wir wünschen unbedingt, dass sich die Zivilisation nach Afrika ausdehnt, wobei wir überzeugt sind, dass der Handel der beste Pionier der Zivilisation ist; und wir sind zufrieden, dass genügend Raum in [...] Afrika für den Handel aller zivilisierten Nationen der ganzen übrigen Welt ist. Darum würden wir jede Ausdehnung des Handels in Afrika mit Genugtuung betrachten, vorausgesetzt allerdings, dass dieser Handel nicht auf einem Monopol beruht und nicht aufgrund eines Systems durchgeführt wird, das andere ausschließt.

Erst ab der Mitte des 19. Jahrhunderts gingen die Briten nach und nach zur Errichtung direkter Kolonialherrschaft über. Folgende Motive bewogen sie zu diesem Strategiewechsel:

- **Instabilität** von bisher **kollaborationswilligen Regimes** oder wachsender **Widerstand** gegen den Einfluss der Fremden in den Überseegebieten zwangen sie zu voller Machtübernahme.

- Nach der Annexion Indiens 1858 und seiner Umwandlung in eine Kolonie bemühten sich die Briten um eine **globalstrategische Absicherung des Vizekönigreichs** (Schifffahrtswege und Küsten des Indischen Ozeans).
- **Eigenmächtige Inbesitznahme von Territorien** durch einzelne Kolonialbeamte oder Militärs, durch die die Regierung in London vor vollendete Tatsachen gestellt wurde, veranlasste diese zu einer nachträglichen formellen Legitimation.
- In **Konkurrenz mit den anderen europäischen Rivalen** um möglichst großen Kolonialbesitz nahm Großbritannien Territorien gleichsam vorbeugend in Besitz, nur damit diese nicht in die Hand der anderen fielen.

Chronologie **Ausbau des britischen Empire**

1857/58	Nach der Niederschlagung eines Aufstands indischer Truppen gegen die britische Kolonialmacht wird die EIC aufgelöst und **Indien** in ein **Vizekönigtum der britischen Krone** umgewandelt.
1882	**Ägypten** wird britisches Protektorat.
1885–99	Großbritannien übernimmt durch Annexion oder die Errichtung von Protektoraten die Herrschaft über weite Teile Ost- und Südafrikas: **Nigeria, Betschuanaland, Somaliland, Kenia, Sansibar, Rhodesien, Uganda** und **Sudan.**
1898/99	**Faschodakrise:** Zusammenstoß mit Frankreich am Oberlauf des Nils.
1899–1902	**Burenkrieg:** Im Konflikt zwischen den unabhängigen Burenrepubliken in Südafrika und britischen Machtansprüchen unterliegen die Buren und müssen die britische Oberhoheit anerkennen, erhalten aber das Recht auf Selbstverwaltung.

Indien – die Perle in der britischen Krone

Während des 18. Jahrhunderts war die private **East India Company** wegen finanzieller Probleme nach und nach **unter staatliche Kontrolle** geraten. Gleichzeitig konnte sie ihren Machtbereich in Indien durch Verträge mit einheimischen Herrschern oder durch militärische Aktionen ihrer Gouverneure stark ausdehnen. Mithilfe eines gut besoldeten Beamtenapparats verwaltete die EIC nun die von ihr beherrschten Gebiete im Namen und unter Aufsicht der britischen Krone.

Als die Briten Mitte des 19. Jahrhunderts erneut auf Expansionskurs gingen, weitere indische Gebiete ihrer direkten Herrschaft unterwarfen und diese in ihrem Sinne zu modernisieren begannen, kam es 1857 zu einem **Aufstand (The Mutiny).** Britischen Truppen gelang es relativ schnell, diesen Aufruhr niederzuschlagen. Nun wurde die EIC endgültig aufgelöst und Indien in eine **britische Kronkolonie** umgewandelt, an deren Spitze ein Vizekönig stand. Damit war Indien zur wichtigsten und reichsten britischen Kolonie geworden, zur Perle in der britischen Krone, wie man damals sagte. Ihre Sicherung war nunmehr ein zentrales Ziel der britischen Außenpolitik.

Sicherung der Seewege nach Indien

Indien war nicht nur eine Quelle des wirtschaftlichen Reichtums für das Mutterland, sondern spielte durch sein riesiges Reservoir an einheimischen Truppen auch eine bedeutende machtpolitische Rolle für Großbritannien. Diese wurden weitgehend von indischen Steuerzahlern finanziert und dienten der Sicherung und Ausdehnung britischer Herrschaft. Deshalb war der Schutz der Verbindungswege nach Osten von zentraler Bedeutung. Ein gut ausgebautes Stützpunktnetz sollte dafür Sorge tragen:

- **Gambia, Sierra Leone** und die **Goldküste** (Ghana) in Westafrika, die **Kapkolonie** an der Südspitze Afrikas, **Mauritius,** die **Seychellen** und **Ceylon** sicherten die Route um das Kap der Guten Hoffnung optimal ab;
- **Gibraltar, Malta, Zypern** und **Aden** schützten die Route durch das Mittelmeer.

An eine direkte Machtübernahme in Afrika dachten die britischen Politiker vorerst noch nicht, da ihnen das zu kostspielig und wenig gewinnversprechend erschien. Vielmehr bevorzugten sie wegen Großbritanniens industrieller Überlegenheit und seiner Beherrschung der Seewege vorerst den Freihandel.

Protektorat über Ägypten

Der Übergang von indirekter zu direkter Herrschaft lässt sich gut am Beispiel Ägyptens nachvollziehen. Das unter loser Oberhoheit des Osmanischen Reichs stehende Land stand vor dem Staatsbankrott, auch weil der 1869 eröffnete **Sueskanal** sich anfangs nicht rentierte. Daraufhin kaufte Großbritannien den ägyptischen Anteil der Sueskanalaktien, um Einfluss auf die Wasserstraße zu erlangen, die für den Transit nach Indien bedeutsam war, sich aber mehrheitlich in der Hand französischer Investoren befand. Das Land wurde unter **internationale Finanzkontrolle** mit britischer Leitung gestellt und sein Herrscher zur Abdankung zugunsten seines Sohnes gezwungen, der besser mit den Westmächten kooperierte.

Als sich gegen den wachsenden ausländischen Einfluss eine von Offizieren getragene **Widerstandsbewegung** bildete, sahen die Briten ihren strategisch wichtigen Verbindungsweg nach Indien bedroht. Sie setzten eine Expeditionsstreitmacht in Marsch, die den Aufstand niederschlug und Kairo besetzte. Der Herrscher wurde zur Marionette degradiert, der den Befehlen des **britischen Generalkonsuls** Folge leisten musste; die Briten übernahmen die Finanz- und Eisenbahnverwaltung und setzten eine britisch ausgebildete Gendarmerie ein. Damit war Ägypten faktisch ein britisches **Protektorat** geworden, auch wenn das völkerrechtlich erst mit Beginn des Ersten Weltkriegs geschah, als die noch bestehenden Bindungen an das Osmanische Reich gekappt wurden.

Basiswissen **Protektorat/Schutzherrschaft**

Ein Protektorat bzw. eine Schutzherrschaft beruhte auf einer **vertraglichen Vereinbarung** zwischen zwei Staaten bzw. einem (europäischen) Staat und einem lokalen Herrscher, durch die sich der Schwächere dem Schutz des Stärkeren unterstellte und ihm gleichzeitig bestimmte Rechte einräumte (z. B. Truppenstationierung, Zoll- oder Handelsprivilegien). Dadurch konnten die Imperialmächte ihre faktische Beherrschung fremder Gebiete legitimieren und nach außen verschleiern. Nach dem Zweiten Weltkrieg erlangten viele Schutzgebiete ihre Unabhängigkeit, indem die meist zeitlich befristeten Protektoratsverträge aufgelöst wurden.

Scramble for Africa

Die in Berlin 1884/85 tagende Kongokonferenz, an der auch Großbritannien beteiligt war, gab das Startsignal zur Aufteilung Afrikas unter den europäischen Imperialmächten. Den Briten ging es dabei vor allem darum,

- die **ostafrikanische Küste zu kontrollieren** (wegen der Seewege nach Indien),
- eine zusammenhängende **Landverbindung zwischen Ägypten und Südafrika** zu schaffen (Kap-Kairo-Linie; vgl. Kap. 4.4 S. 57),
- **europäischen Rivalen,** besonders Frankreich, **zuvorzukommen.**

Dabei kam es 1898 bei Faschoda am Oberen Nil zu einem schweren Konflikt zwischen Großbritannien und Frankreich **(Faschodakrise).** Ein französisches Expeditionskorps, das aus Zentralafrika zum Indischen Ozean vorstoßen wollte, um das westafrikanische Kolonialgebiet bis zur Ostküste des Kontinents zu erweitern, stieß auf aus Ägypten nach Süden vorrückende britische Truppen. Die Briten, die die Verbindung zwischen Ägypten und Südafrika gefährdet sahen, forderten die Franzosen ultimativ zum Rückzug auf. Diese gaben nach und zogen sich zurück. In Frankreich wurde dieser Vorgang als schwere Demütigung empfunden.

Basiswissen **Kongokonferenz und Scramble for Africa**

Die in Berlin 1884/85 unter Bismarcks Leitung tagende Kongokonferenz, an der 14 Staaten teilnahmen, regelte die imperialistischen Ansprüche auf das Kongogebiet. Gegen britische und portugiesische Wünsche sprach die Konferenz das Territorium dem belgischen König Leopold II. als Privatbesitz zu, in dem alle an der Konferenz beteiligten Staaten Handelsfreiheit genießen sollten. Das **Verbot des Sklavenhandels** wurde international bekräftigt. Gleichzeitig legte die Konferenz den Grundsatz fest, dass nur die faktische Inbesitznahme eines Gebietes einen Kolonialerwerb legitimieren sollte. Diese Regelung löste den sog. **Scramble for Africa** (Balgerei um Afrika) aus, den Wettlauf fast aller großen europäischen Mächte um möglichst viele Kolonien in Afrika. Innerhalb weniger Jahre war der Kontinent aufgeteilt, nur Äthiopien und Liberia blieben unabhängig.

Briten und Buren in Südafrika und der Burenkrieg

In Südafrika kam es gegen Ende des 19. Jahrhunderts zu einem bewaffneten Konflikt zwischen den Buren, bäuerlichen, meist aus den Niederlanden und Deutschland stammenden Siedlern, und britischen Kolonisten und Geschäftsleuten, die vor allem an der Ausbeutung der in Transvaal neu entdeckten Gold- und Diamantenminen interessiert waren. Die Buren lebten ab Mitte des Jahrhunderts in den unabhängigen Republiken Transvaal und Oranjefreistaat, während die Briten die Kapkolonie beherrschten und Natal am Indischen Ozean besetzt hatten.

Wurzeln des Konflikts:

- Die Briten waren an den in den Burenrepubliken entdeckten Gold- und Diamantvorkommen interessiert und wollten diese Gebiete außerdem in ihr einheitliches Kolonialreich integrieren, während die Buren auf ihrer Unabhängigkeit beharrten.

- Die Briten verboten die Sklavenhaltung und wollten die Schwarzafrikaner als freie Lohnarbeiter im Bergbau nutzen, während die Buren wegen ihrer extensiven Landwirtschaft an der billigen Arbeitskraft der Sklaven festhalten wollten.
- Zahlreiche britische Geschäftsleute und Abenteurer ließen sich in den Burenrepubliken nieder und forderten politische Mitbestimmung, die ihnen von den Buren verweigert wurde.

Stationen des Konflikts:

- **Jameson Raid** (Jahreswende 1895/96): Der vom Premier der Kapkolonie, Cecil Rhodes (vgl. Kap. 4.4), initiierte Versuch, das Burenregime durch einen Staatsstreich zu stürzen, scheiterte.
- **Burenkrieg** (1899–1902): Nach anfänglichen Erfolgen mussten die Buren nach einem blutigen Krieg die britische Oberherrschaft anerkennen.
- **Frieden von Vereeniging** (1902): Die Buren wurden ins britische Empire eingegliedert, erhielten aber weitgehende Selbstverwaltung.
- **Südafrikanische Union** (1910): Die beiden Burenrepubliken wurden mit der Kapkolonie und Natal im Rahmen des britischen Empires unter burischer Führung zusammengeschlossen.

Im Juni 1901 nahmen die Buren die britische Garnison in Jamestown im Osten der Kapkolonie ein. Die über der eroberten Festung wehende Flagge der Buren erinnert an die Flagge der Niederlande, der ursprünglichen Heimat der meisten Buren. Dennoch mussten sich die Buren der Übermacht der Briten beugen und dem Abkommen von Vereeniging zustimmen. Dass das Ereignis auf dem Titelblatt des Pariser „Petit Journal" herausgestellt wurde, ist ein Ausdruck des zu diesem Zeitpunkt noch gespannten Verhältnisses Frankreichs zu Großbritannien.

5.3 Aufbau des französischen Kolonialreichs

Ihr im 17. Jahrhundert errichtetes erstes Kolonialreich in Nordamerika hatten die Franzosen bis 1800 wieder aufgeben müssen. Das zum heutigen Kanada gehörende Quebec war 1763 an Großbritannien gefallen und Louisiana 1803 an die USA verkauft worden. Im 19. Jahrhundert eroberte Frankreich in wenigen Jahrzehnten einen neuen umfangreichen **Kolonialbesitz in Nord- und Westafrika** sowie in **Indochina.** Dazu kamen kleinere Gebiete, u. a. Inseln in der Karibik und im Pazifik.

Chronologie **Stationen des französischen Kolonialerwerbs**

- **1830** Beginn der Eroberung **Algeriens**
- **1840** Beginn der Eroberung des **Senegals** und **Westafrikas**
- **1863** Beginn der Eroberung **Indochinas**
- **1881** Besetzung **Tunesiens** und Errichtung eines Protektorats
- **1887** Zusammenschluss der in Indochina in Besitz genommenen Gebiete Cochinchina, Tongking, Annam, Kambodscha und Laos (Anschluss 1893) zur **Indochinesischen Union**
- **1895** Gründung von **Französisch-Westafrika**
- **1896** **Madagaskar** zur französischen Kolonie erklärt
- **1898** **Faschodakrise**
- **1910** Gründung der Kolonie **Französisch-Äquatorialafrika**
- **1911** Besetzung **Marokkos**

Anders als bei den Briten, die ihr bestehendes Kolonialreich erweiterten und ausbauten, gab es bei den Franzosen keine geostrategische Notwendigkeit zum Kolonialerwerb. Vielmehr trieben **Prestigebedürfnisse** seiner Herrscher (vor allem Napoleons III.), militärische **Expansionsgelüste** einzelner Generäle, ab den 1880er-Jahren eine wachsende **Kolonialbegeisterung** in der Bevölkerung und die **Rivalität zu Großbritannien** Frankreich zu kolonialen Eroberungen. Die wirtschaftlichen Erwartungen, die an den Kolonialerwerb geknüpft waren, erfüllten sich nicht.

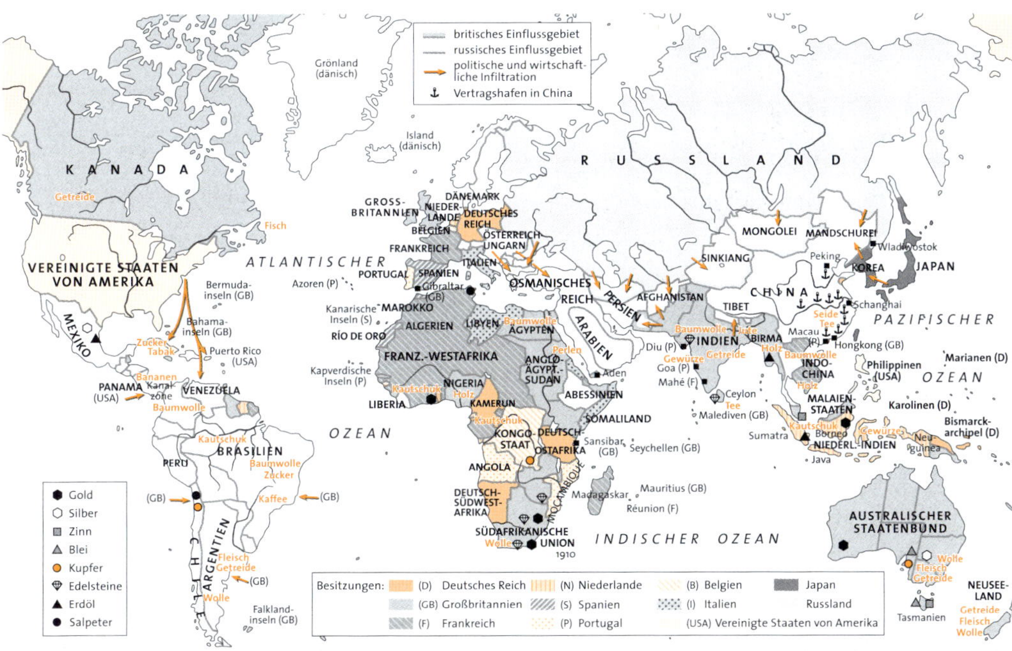

Aufteilung der Welt um 1900

Grundsätze der französischen Kolonialherrschaft

Die Franzosen übertrugen die in Frankreich geltenden rationalen und zentralistischen Verwaltungs- und Rechtsprinzipien auch auf ihre Kolonien. Anders als die Briten stützten sie sich zur Ausübung der Herrschaft nicht auf einheimische Eliten, sondern etablierten einen eigenen Verwaltungsapparat und übten so ihre **Macht direkt** ohne innere Autonomie der Kolonien aus. Außerdem betrachteten sie die **Kolonien** als einen **Bestandteil der einheitlichen und unteilbaren Französischen Republik.** Die wesentlichen Inhalte der französischen Kolonialpolitik waren:

- eine **Angleichung (Assimilation) der Kolonien an das Mutterland,**
- eine **Übertragung der französischen Rechts- und Verwaltungsregeln** auf die französischen Kolonien,
- die Schaffung eines **einheitlichen Zolltarifs,**
- die **Vertretung der Kolonien im französischen Parlament** und
- die **Übertragung der kulturellen und zivilisatorischen Leitvorstellungen** Frankreichs auf die Kolonien.

Der französische Politiker Gabriel Hanotaux (1853–1944) fasste die Ziele und Prinzipien französischer Kolonialherrschaft 1902 folgendermaßen zusammen:

[Es] geht darum, über die Meere hinweg in gestern noch unzivilisierten Ländern die Prinzipien einer Zivilisation auszubreiten, deren sich eine der ältesten Nationen der Erde sehr zu Recht rühmen kann; es geht darum, in unserem Umkreis und in weiter Ferne so viele *neue Frankreichs* zu schaffen wie möglich; es geht darum, inmitten der stürmischen Konkurrenz der anderen Rassen, die sich alle auf denselben Weg begeben haben, unsere Sprache, unsere Sitten, unser Ideal, den Ruf Frankreichs und des Romanentums zu bewahren.

Praxis der französischen Kolonialherrschaft

In der Praxis entsprach das Vorgehen der Franzosen in den Kolonien kaum diesen hehren Prinzipien.

- **Abgeordnete** durften nur die **wenigen Vollkolonien** entsenden (u. a. karibische und pazifische Inseln, Senegal, Algerien, Cochinchina), nicht aber Protektorate, die einen Großteil des französischen Kolonialbesitzes ausmachten.
- **Nur ein winziger Bruchteil der Kolonialbewohner besaß das französische Bürgerrecht** und hatte damit Anspruch auf bürgerliche Freiheiten (u. a. Presse- und Versammlungsfreiheit, liberale Strafgesetze) und das Wahlrecht. Voraussetzungen waren der Verzicht auf „heidnische" Bräuche und angestammte Sitten, Beherrschung der französischen Sprache und ein gewisses Bildungsniveau. Die überwiegende Mehrheit betrachtete man zwar als französische Staatsbürger, aber als **Untertanen mit eigenem Status,** für die z. B. ein eigenes Rechts- und Justizsystem galt und die man zur Zwangsarbeit verpflichten konnte.
- Die Kolonien wurden von mit umfangreichen Vollmachten ausgestatteten **Gouverneuren** regiert, denen die Kolonialverwaltung, die Polizei, das Militär, die „Eingeborenenverwaltung" und die Justiz unterstanden. Sie waren der Regierung in Paris verantwortlich.

Wandel der französischen Kolonialpraxis

Um 1900 erkannten führende französische Politiker und Kolonialexperten, dass das starre Überstülpen von Institutionen, Regeln und Gebräuchen des Mutterlandes auf die sehr unterschiedlichen Kolonien den angestrebten Zweck nicht erfüllte. Stattdessen plädierte man nun für eine **Assoziation** (Zusammenschluss) statt der **Assimilation** (Angleichung), das hieß:

- eine **flexible Berücksichtigung der kulturellen Besonderheiten** der Einheimischen, ihrer **Institutionen** und der **Gegebenheiten des Landes** und
- eine stärkere **Beteiligung** der Einwohner der Kolonie **an der Verwaltung.**

Der französische Forschungsreisende und Diplomat Jules Harmand (1845–1921), der seine Erfahrungen in Indochina gesammelt hatte, formulierte diese Grundsätze 1910 mit den Worten:

Die Assoziierung ist [...] die systematische Ablehnung der Assimilierung und zielt darauf ab, an die Stelle des notwendigerweise starren und bedrückenden Regimes der direkten Verwaltung das der indirekten Herrschaft zu setzen, wobei man die Institutionen der unterworfenen Bevölkerung sorgsam und richtig erhalten und ihre Vergangenheit achten muss.

5.4 Russischer Kontinentalimperialismus

Die imperialen Interessen Russlands zielten nicht nach Übersee, sondern auf eine kontinentale Expansion in drei Richtungen:

- Gewinn eines **Zugangs zum Mittelmeer** durch den Bosporus und **Kontrolle des Balkans** mit den dort unter türkischer Herrschaft lebenden Völkern (**Panslawismus**, vgl. Kap. 4.4, S. 58);
- Ausdehnung des russischen Machtbereichs nach Süden in den **Kaukasus und in die nördlich von Persien und Afghanistan liegenden Gebiete** und
- weitere Expansion Richtung **Sibirien und Ostasien bis zum Pazifik.**

5

Misserfolg am Bosporus

Beim Vordringen Richtung Mittelmeer mussten sich die Russen nicht nur mit dem Osmanischen Reich, sondern auch mit Großbritannien, Frankreich und Österreich auseinandersetzen, die ihre Interessen im Mittelmeerraum und auf dem Balkan bedroht sahen. Es gelang diesen, den russischen Ambitionen einen Riegel vorzuschieben, und zwar

- durch einen militärischen Sieg im **Krimkrieg** 1856 (vgl. Kap. 1.3, S. 13) und
- durch einen diplomatischen Erfolg beim **Berliner Kongress,** auf dem Russland trotz seines Sieges über das Osmanische Reich seine Ordnungsvorstellungen für Südosteuropa und den Zugang zum Mittelmeer nicht durchsetzen konnte.

Vorgehen in Mittelasien

Hier hatte Russland mehr Erfolg. Schon in der ersten Hälfte des 19. Jahrhunderts konnte es zur Absicherung seiner unruhigen südlichen Grenze **Georgien**, **Armenien** und **Aserbeidschan** unterwerfen und später auch die kaukasischen Bergvölker einer Militärverwaltung unterstellen. Die **Kasachen,** die als Nomaden in der kirgisischen Steppe lebten, mussten ebenfalls nach und nach die russische Oberhoheit anerkennen. Die Russen errichteten befestigte Stützpunkte und Kosakensiedlungen und holten russische Kolonisten ins Land. Bald kamen auch die am Aralsee gelegenen muslimischen Herrschaften von **Buchara, Chiva** und **Kokand** sowie weitere zentralasiatische Gebiete unter russische Kontrolle. Die neu erworbenen Gebiete wurden in zwei Provinzen unterteilt (Steppenprovinz und Turkestan) und dem Regiment eines dem Zaren direkt verantwortlichen Generalgouverneurs unterstellt.

Chronologie	Stationen der russischen Kontinentalexpansion
ab 1820	Beginn der Unterwerfung der bis dahin zum Perserreich gehörenden Territorien des **Kaukasus** und der **Steppenvölker** an der Südostgrenze des Landes
1860	**Vertrag von Peking:** Verzicht Chinas auf das Gebiet nördlich des Amurs und der angrenzenden Küstenprovinz zugunsten Russlands, Gründung Wladiwostoks („Beherrsche den Osten“)
1867	Errichtung des **Generalgouvernements Turkestan**
1878	**Berliner Kongress:** diplomatische Niederlage Russlands trotz eines militärischen Erfolges gegen das Osmanische Reich
ab 1891	Bau der **Transsibirischen Eisenbahn**
1900	russische Besetzung der **Mandschurei** (im Zusammenhang mit der Niederschlagung des Boxeraufstands; vgl. Kap. 5.7, S. 75)
1904/05	**Niederlage** des Zarenreichs **im Russisch-Japanischen Krieg**

Vordringen nach Ostasien

Die weitere Expansion nach Ostasien ging von Sibirien aus, das bereits im 17. Jahrhundert dem Zarenreich einverleibt worden war und das zunächst als Verbannungs- und Sträflingsort diente, später aber auch von bäuerlichen Siedlern bevölkert wurde. Vor allem der energische Generalgouverneur Nikolai Murawjow (1809–81) nutzte seine durch die ungeheure Entfernung vom Hof des Zaren gegebene Unabhängigkeit zu eigenmächtigen Aktivitäten. Ihm gelang der Erwerb des **Gebiets nördlich des Amur und östlich des Ussuri** (Vertrag von Peking 1860) und die Gründung des eisfreien Hafens **Wladiwostok** an der Pazifikküste.

Nach dem Berliner Kongress wurde der russische Imperialismus stärker von **ökonomischen Motiven** bestimmt. Unter der Federführung des Finanzministers Sergej Witte (1849–1915) sollte der wirtschaftliche Rückstand Russlands gegenüber dem Westen durch eine forcierte, zum Teil mithilfe ausländischen Kapitals vorgenommene Industrialisierung wettgemacht werden. Eine wesentliche Rolle spielten dabei die Erschließung des asiatischen Raums und der Bau der **Transsibirischen Eisenbahn.** Diese sollte helfen,

- die sibirischen Bodenschätze besser zu erschließen und abzutransportieren,
- neue Anbaugebiete zu gewinnen (Baumwolle),
- den Zugang zu neuen Märkten zu eröffnen und
- die Besiedlung Sibiriens mit der rasch wachsenden russischen Bevölkerung zu fördern, um eine drohende Agrarrevolution im russischen Kernland zu verhindern.

Konflikt mit Japan

Um 1900 geriet Russland, das während der Niederschlagung des Boxeraufstands die Gelegenheit ergriffen hatte, die Mandschurei zu besetzen, mit Japan in Konflikt. Das Streitobjekt war **Korea,** auf das sowohl der Zarenhof als auch das modernisierte

Japan (vgl. Kap. 5.5) ein Auge geworfen hatten. 1905 brachten die Japaner den Russen zu Land **(Schlacht bei Mukden)** und zu Wasser **(Seeschlacht von Tsushima)** vernichtende **Niederlagen** bei und legten die Schwäche des russischen Herrschafts- und Gesellschaftssystems bloß. Der **Friede von Portsmouth** (USA) beendete 1905 den Konflikt, in dem das Zarenreich einen beträchtlichen Prestigeverlust hinnehmen musste:

- Rückführung der russisch besetzten Mandschurei an China,
- Abtretung der Halbinsel Liaodong mit dem Kriegshafen Port Arthur und der Südhälfte der Insel Sachalin an Japan;
- Anerkennung des japanischen Protektorats über Korea.

5.5 Japanische Expansion in Ostasien

Nach jahrhundertelanger selbst gewählter Isolation erzwang ein amerikanisches Expeditionsgeschwader 1853/54 gewaltsam die Öffnung Japans. Durch eine Reihe von Handels- und Zollverträgen geriet das Inselreich in wirtschaftliche Abhängigkeit von den USA und den europäischen Mächten. Doch anders als China (vgl. Kap. 5.7, S. 74) gelang es Japan, sich aus dem Netz dieser sog. **ungleichen Verträge** zu befreien. Ausschlaggebend dafür war ein Modernisierungsprozess, der als **Meiji-Restauration** in die Geschichte eingehen sollte. Der lange faktisch machtlose Kaiser (Tenno) übernahm wieder das Ruder, das Regime der Militärherrscher (Shogune) wurde beseitigt und die Feudalklasse der Samurai abgeschafft.

Basiswissen **Meiji-Restauration**

Die 1868 gestartete Modernisierung Japans umfasste die Zentralisierung des Landes, die Abschaffung des Feudalsystems, die Umwandlung des Lands in eine konstitutionelle Monarchie, die Einführung der allgemeinen Wehrpflicht und die Modernisierung der Armee nach preußischem Vorbild, die Schaffung einer Kriegsflotte nach britischem Muster, eine Verwaltungs-, Justiz- und Finanzreform und die Förderung von Industrie und Technologie.

Diese Modernisierung sollte nicht nur die Abhängigkeit vom Westen beenden, sondern Japan durch eine Expansion nach außen als gleichberechtigte Großmacht in den Kreis der Weltmächte führen.

Etappen der japanischen Expansion in Ostasien

- Der erste Schritt führte ins nahe gelegene **Korea,** das unter chinesischer Oberhoheit stand. 1894/95 kam es zu einem **Krieg mit China,** der mit einem schnellen **Sieg Japans** endete.
- Im **Frieden von Shimonoseki** musste China 1895 die Unabhängigkeit Koreas anerkennen, **Taiwan** und die mandschurische Halbinsel Liaodong an Japan abtreten, den Japanern Handelskonzessionen einräumen und Vertragshäfen öffnen.

- Im **Krieg mit Russland** um Korea siegte Japan 1905. Der **Frieden von Portsmouth** bestätigte Japans Vorherrschaft im ostasiatischen Raum.
- **1910 annektierte Japan Korea** und machte es zu einer Kolonie. Korea wurde ins japanische Wirtschaftssystem integriert, lieferte Reis und Rohstoffe und diente als Absatzmarkt für japanische Produkte sowie als Industriestandort.

5.6 Imperialismus der USA

Bereits ab Mitte des 19. Jahrhunderts waren die Amerikaner ihrem ursprünglich antikolonialistischen Selbstverständnis untreu geworden und hatten ihr Augenmerk auf die Karibik, auf Mittelamerika und auf Ostasien (Japan und China) gerichtet:

- **Kuba** war für die USA wirtschaftlich und strategisch interessant; zudem lag ihnen daran, Briten und Franzosen von der Insel fernzuhalten.
- Nach der Eingliederung Kaliforniens (1850) wurde **Mittelamerika** wichtig, das vor dem Bau einer transkontinentalen Eisenbahnlinie eine kürzere **Verbindungsroute zwischen Ost- und Westküste** der USA bot als der Weg um Kap Hoorn.
- **Hawaii** war ein bedeutsamer Stützpunkt für Fernostfahrer und Walfänger.
- **China und Japan** boten hervorragende **Handelsperspektiven.** Zunächst profitierten die USA von den Aktivitäten der Briten, indem sie die diesen nach dem ersten Opiumkrieg 1842 von China eingeräumten Vergünstigungen (vgl. Kap. 5.7, S. 74) übernehmen konnten. Bei der Öffnung Japans wurden die USA selbst aktiv, schlossen Handelsverträge ab und wirkten so als Schrittmacher für die anderen Mächte. In China praktizierten die USA – wie die anderen Mächte – die **Politik der offenen Tür,** später (1900) beteiligten sie sich auch an der Niederschlagung des den lukrativen Chinahandel gefährdenden Boxeraufstands (vgl. Kap. 5.7, S. 75).

Nach der Beendigung des Bürgerkriegs (1861–65) und dem Aufstieg zur stärksten Industriemacht der Welt kurz vor 1900 traten die USA in den imperialistischen Wettlauf der Großmächte ein. Geleitet wurden sie von spezifischen Motiven:

- der Überzeugung einer **göttlichen Bestimmung** der Amerikaner **(Manifest Destiny),** sich über den Kontinent und darüber hinaus auszubreiten und ihre freiheitlichen und demokratischen Ideale und Institutionen in alle Welt zu tragen;
- der Vorstellung der **Überlegenheit der weißen angelsächsischen Rasse;**
- dem von dem US-Marineoffizier Alfred T. Mahan (1840–1914) entwickelten **Konzept einer starken Kriegsmarine** als Machtfaktor und Schutz für die Handelswege zu den ökonomisch wichtigen Rohstoffquellen und Absatzmärkten. Mahan plädierte zudem dafür, ein Netz von Stützpunkten in der Karibik und im Pazifik auszubauen und es durch den Bau eines Kanals durch Mittelamerika zu verbinden.

Aufbau des US-amerikanischen Kolonialreichs

Ihr eigentliches Kolonialreich errichteten die USA innerhalb weniger Jahre um 1900. Zunächst annektierten sie **Hawaii** und einigten sich mit dem Deutschen Reich über die Aufteilung der **Samoainseln**. Dann boten ihnen eine Wirtschaftskrise und Hungerunruhen gegen die spanische Herrschaft auf **Kuba** den willkommenen Anlass zu weiterer Expansion. Die Explosion eines amerikanischen Kriegsschiffs im Hafen von Havanna und eine nach Rache rufende Pressekampagne lösten 1898 einen **Krieg mit Spanien** aus. Nach nur vier Monaten kapitulierten die Spanier und mussten sich im Frieden von Paris mit den amerikanischen Bedingungen einverstanden erklären.

Der amerikanische Senator John Beveridge (1824–1910) rechtfertigte das Vorgehen der USA und sprach dabei die entscheidenden Motive des US-Imperialismus an:

Der Ozean trennt uns nicht von Ländern, in die uns unsere Pflicht und unsere Begierden rufen; die Ozeane verbinden; sie sind Flüsse, die nie ausgebaggert werden müssen, Kanäle, die niemals repariert werden müssen. Wir haben Dampfkraft und Elektrizität – die Elemente selbst sind im Bündnis mit unserer Bestimmung. Kuba sei uns nicht benachbart? Hawaii und die Philippinen seien uns nicht benachbart? Puerto Rico sei uns nicht benachbart? Die Ozeane machen sie uns zu Nachbarn! Und unsere Marine wird sie uns zu Nachbarn machen!

Die Hauptbestimmungen des **Friedens von Paris** waren:
- die Abtretung der Inseln **Guam** (Pazifik) und **Puerto Rico** (Karibik) an die USA;
- die Abtretung der **Philippinen** an die USA;
- die Anerkennung der **Unabhängigkeit Kubas** von Spanien.

Kuba wurde wenig später (1901) durch das sog. **Platt Amendment** faktisch zu einem amerikanischen Vasallenstaat gemacht, der militärisch und politisch abhängig war. Die Bewohner der **Philippinen** dagegen wehrten sich heftig gegen die amerikanische Machtübernahme. Nur mit harter Gewalt und nach mehrjährigen Kämpfen gelang die Unterwerfung.

Chronologie	Stationen des US-Imperialismus
1853/54	ein US-Geschwader öffnet Japan für den westlichen Handel
1898	Annexion von Hawaii
1898	Spanisch-Amerikanischer Krieg und Frieden von Paris: Spanien verliert Guam, Puerto Rico und die Philippinen, Unabhängigkeit Kubas
1899	Aufteilung Samoas zwischen USA und Deutschland
1900	Beteiligung der USA an der Niederschlagung des Boxeraufstands in China zur Wahrung der Politik der offenen Tür in China
1904–14	Bau des Panamakanals

Bau des Panamakanals

Im Jahr 1902 kauften die USA die Kanalbaurechte in Panama einer in finanzielle Schwierigkeiten geratenen französischen Kanalbaugesellschaft ab. Kolumbien, zu dem das Panamagebiet gehörte, verweigerte allerdings die Zustimmung zu diesem Kaufvertrag. Als kurz danach eine – vermutlich von den USA geförderte – separatistische Revolte gegen Kolumbien in Panama ausbrach, hinderte die US-Marine Kolumbien an der Niederschlagung des Aufstands. Umgehend erkannten die USA die Regierung der neu gebildeten Republik Panama diplomatisch an, schlossen mit ihr einen Vertrag zum Kanalbau und begannen mit dem Durchstich, der 1914 abgeschlossen werden konnte.

5.7 Wirtschaftliche Durchdringung Chinas

Anders als in Japan gelang es in China den Mandschukaisern nicht, das von ihnen gelenkte „Reich der Mitte" im 19. Jahrhundert in die Moderne zu führen. Es blieb wirtschaftlich und technisch rückständig, seine Regierung und Verwaltung waren starr, lethargisch und korrupt und die Bevölkerung litt unter Steuerdruck, Seuchen, Überschwemmungen und Missernten. Daher hatten die Briten, die durch die East India Company schon lange einen florierenden Chinahandel betrieben, leichtes Spiel, sich in China festzusetzen. 1839 verbot die chinesische Regierung den besonders lukrativen britischen **Opiumimport aus Indien,** weil dadurch die Volksgesundheit untergraben und die Beamtenschaft zum Schmuggel verleitet und durch Bestechung korrumpiert wurde. Eine trotzdem eingeführte wertvolle Opiumladung ließen die chinesischen Behörden vernichten. Das nahmen die Briten zum Anlass für einen **Krieg.** Die waffentechnisch überlegene britische Flotte, die zum Teil von britischen Opiumhändlern ausgerüstet wurde, errang einen raschen Sieg und China musste in den ersten der sog. **ungleichen Verträge** einwilligen, die Großbritannien eine **wirtschaftliche Durchdringung des Riesenreichs** erlaubten. Weitere ähnliche Verträge mit anderen Staaten folgten und wurden nach dem zweiten Opiumkrieg noch erweitert. Durch diese Verträge geriet China unter indirekte Herrschaft der Imperialmächte, die das Land nun ungehemmt ausbeuten konnten.

Wichtige Inhalte der ungleichen Verträge

- Abtretung von Territorien durch langfristige Pachtverträge (z. B. Hongkong 1842);
- Öffnung zahlreicher Häfen und Zulassung westlichen Handels;
- freier Verkehr fremder Schiffe auf chinesischen Flüssen;
- Exterritorialität ausländischer Handelsniederlassungen in China und eigene Gerichtsbarkeit für Ausländer;
- Freizügigkeit für Ausländer in ganz China;
- Festlegung günstiger Zolltarife für die Ausländer;
- Zulassung des Opiumhandels;
- Erlaubnis der christlichen Mission.

Chronologie **Opiumkriege und ungleiche Verträge**

1839–42	Im **ersten Opiumkrieg** unterliegt China den waffentechnisch überlegenen Briten.
1842	Im **Vertrag von Nanking** muss China fünf Häfen für den britischen Handel öffnen, günstige Zolltarife gewähren und Hongkong abtreten. Frankreich und die USA schließen ähnliche sog. **ungleiche Verträge** mit China ab.
1856–58	Im **zweiten Opiumkrieg** unterliegt China Großbritannien und Frankreich und muss den Siegern im **Vertrag von Peking** (1860) weitere Konzessionen gewähren. USA, Russland und Preußen sichern sich ähnliche Vergünstigungen.

Die Karikatur aus dem „Petit Journal" über die Aufteilung Chinas in Einflusssphären durch die Kolonialmächte zeigt (von links nach rechts) Königin Viktoria von England, Kaiser Wilhelm II., Zar Nikolaus II., Marianne – die Allegorie der französischen Republik – und den japanischen Kaiser.

Boxeraufstand

Ende des 19. Jahrhunderts bildete sich in China ein Geheimbund, der sich **Faustkämpfer für Recht und Einigkeit** nannte, im Westen meist als **Boxer** bezeichnet. In ihm versammelten sich durch ausländische Konkurrenz verarmte Heimarbeiter und Handwerker, durch Dürrekatastrophen verelendete Bauern, ehemalige Soldaten und andere Unzufriedene. Ihr Protest richtete sich gegen

- den **wachsenden Einfluss der Fremden** in China,
- die **zunehmende christliche Mission** im Land,
- gegen das **soziale und ökonomische Elend** und auch
- gegen **konservative und nicht reformbereite Hofkreise.**

Als im Jahr 1900 ein bewaffneter **Aufstand der Boxer** ausbrach, die ausländischen Gesandtschaftsviertel belagert und geplündert wurden und der deutsche Gesandte und andere Fremde den Tod fanden, fühlten sich die Imperialmächte herausgefordert. Großbritannien, Frankreich, Russland, Deutschland, Italien, Japan und die USA zeigten sich trotz aller sonstigen Rivalitäten einig und organisierten ein internationales Expeditionskorps, das Peking einnahm und die Revolte mit harter Hand niederschlug. Die chinesische Regierung musste im sog. **Boxerprotokoll** (1901) die **harten Bedingungen** der Sieger hinnehmen, die als schwere **Demütigung** empfunden wurden:

- Entsendung von Sühnegesandtschaften, die sich für die Morde an ausländischen Diplomaten entschuldigen mussten;
- Bestrafung der Aufständischen;
- Zahlung von hohen Entschädigungsleistungen;
- Schleifung zahlreicher Festungen;
- Verbot der Waffeneinfuhr;
- Erweiterung und Befestigung des Gesandtschaftsviertels;
- Verbot fremdenfeindlicher Organisationen und Aktionen.

6
Deutsche Außenpolitik im Zeitalter des Imperialismus

Die deutsche Außenpolitik während des Kaiserreichs lässt sich in zwei deutlich unterscheidbare Phasen unterteilen. Dabei bildet das **Jahr 1890,** als die **Kanzlerschaft Bismarcks** endete, eine klare **Zäsur.** Bis dahin war die Politik gegenüber den anderen Mächten eher defensiv ausgerichtet und fand ihren Ausdruck in einem komplizierten Bündnissystem zur Sicherung des Reichs in der Mitte Europas. Zur gleichen Zeit wurde allerdings auch bereits der größte Teil des deutschen Kolonialreichs erworben. Ab 1890 nahm die deutsche Außenpolitik unter Kaiser Wilhelm II. deutlich offensivere und aggressivere Züge an. Das Reich sollte jetzt auch einen „Platz an der Sonne“ bekommen und eine **Weltmacht** werden.

6.1
Außen- und Kolonialpolitik Bismarcks

Nach dem erfolgreichen Deutsch-Französischen Krieg von 1870/71 und der Reichsgründung ging es Bismarck außenpolitisch in erster Linie darum, den Bestand des neuen Reichs nach außen abzusichern. Seine Außenpolitik war daher strikt **defensiv ausgerichtet.** In seinem berühmten **Kissinger Diktat** vom 15. 6. 1877 fasste Bismarck seine außenpolitische Zielvorstellung bündig zusammen:

Wenn ich arbeitsfähig wäre, könnte ich das Bild vervollständigen und feiner ausarbeiten, welches mir vorschwebt: nicht das irgend eines Ländererwerbes, sondern das einer politischen Gesamtsituation, in welcher alle Mächte außer Frankreich unser bedürfen, und von Koalitionen gegen uns durch ihre Beziehungen zueinander nach Möglichkeit abgehalten werden.

Das Verhältnis der europäischen Staaten untereinander war für Bismarck durch folgende Gegebenheiten gekennzeichnet:

- Der Ruf nach **Revanche** und der Wiedergewinnung von Elsass-Lothringen blieb in **Frankreich** wach.
- Die Lage auf dem **Balkan,** wo sich russische und österreichische Interessen kreuzten, drohte das Reich in einen **Konflikt mit dem Zarenreich** zu ziehen.
- Bei Großbritannien und Russland bestand ein grundsätzliches Interesse an einem Erhalt des **Mächtegleichgewichts** in Europa.
- Das Verhältnis zwischen **Russland und Großbritannien** (Rivalitäten im Mittelmeerraum und in Asien) einerseits sowie zwischen **Frankreich und Großbritannien** (historische Gründe) andererseits war gespannt.

Aus dieser Gesamtkonstellation ergaben sich für Bismarck folgende außenpolitische Konsequenzen:

- Vermeidung eines möglichen **Zweifrontenkriegs;**
- **Verzicht auf weitere Ausdehnung** des Reichs und Erhalt des Status quo;
- eine flexible, am Gesamtziel orientierte **Bündnispolitik,** durch die einerseits Frankreich isoliert würde und andererseits mögliche gegnerische Koalitionen gegen die gefährdete deutsche „Mittellage“ in Europa verhindert werden sollten.

6.1.1 Das bismarcksche Bündnissystem

Dreikaiserabkommen und Dreikaiserbund

Im unter Mithilfe Bismarcks zustande gekommenen **Dreikaiserabkommen** (1873) zwischen Wilhelm I., Franz Joseph I. und Zar Alexander II. verpflichteten sich die drei Monarchen zu gemeinsamer Beratung in außenpolitischen Konfliktfällen. Es diente Bismarcks Ziel, Österreich an das Reich zu binden und eine Annäherung Russlands an Frankreich zu verhindern. Das Bündnis zerbrach, als die Russen sich 1876–78 auf dem Balkan engagierten und österreichische Interessen verletzten. Doch es gelang Bismarck mit massivem politischem (Zweibund mit Österreich, s. u.) und wirtschaftlichem Druck auf Russland, den Pakt 1881 durch das zunächst auf drei Jahre befristete **Dreikaiserbündnis** zu erneuern. Darin vereinbarten die Partner wohlwollende Neutralität bei einem Konflikt mit einer vierten Partei und Beratungen bei Problemen auf dem Balkan. Die Rivalität zwischen Österreich und Russland auf dem Balkan konnte dadurch allerdings nur notdürftig überdeckt werden.

Zweibund und Dreibund

Die Hauptstütze des bismarckschen Bündnissystems war der 1879 zwischen **Österreich** und **Deutschland** abgeschlossene **Zweibund.** Er beinhaltete:

- eine gegenseitige Beistandsverpflichtung bei einem russischen Angriff oder bei einem von Russland unterstützten Angriff eines anderen Staates (Frankreich);
- wohlwollende Neutralität bei anderen Konfliktfällen.

Der Zweibund galt zunächst für fünf Jahre, wurde aber immer wieder verlängert und endete erst 1918. Das Bündnis wurde 1882 mit **Italien** zum **Dreibund** mit gegenseitigen Hilfszusagen bei einem französischen Angriff erweitert. Damit zeigte der Pakt seine auf Isolierung Frankreichs gerichtete Zielrichtung.

Rückversicherungsvertrag und Mittelmeerentente

Als 1887 wegen einer erneuten Krise auf dem Balkan das Dreikaiserbündnis auseinanderbrach, gelang es Bismarck, durch den Abschluss eines **geheimen Rückversicherungsvertrages mit Russland** (1887) seine Bündniskonstruktion noch einmal zu retten. Die Vertragspartner sicherten sich wohlwollende Neutralität im Kriegsfall zu – mit Ausnahme eines deutschen Angriffs auf Frankreich und eines russischen Angriffs auf Österreich. Außerdem erkannte Deutschland die russischen Interessen auf dem Balkan und am Bosporus an. Um einem damit verbundenen möglichen Konflikt mit Großbritannien oder Österreich die Spitze zu nehmen, beteiligte sich Bismarck maßgeblich beim Abschluss der sog. **Mittelmeerentente** zwischen Großbritannien, Österreich und Italien (1887). Die beteiligten Mächte verpflichteten sich zum Erhalt des Status quo im östlichen Mittelmeerraum, zur Wahrung des Besitzstands des Osmanischen Reichs und zur Abwehr möglicher russischer Expansionsbestrebungen auf dem Balkan und am Bosporus.

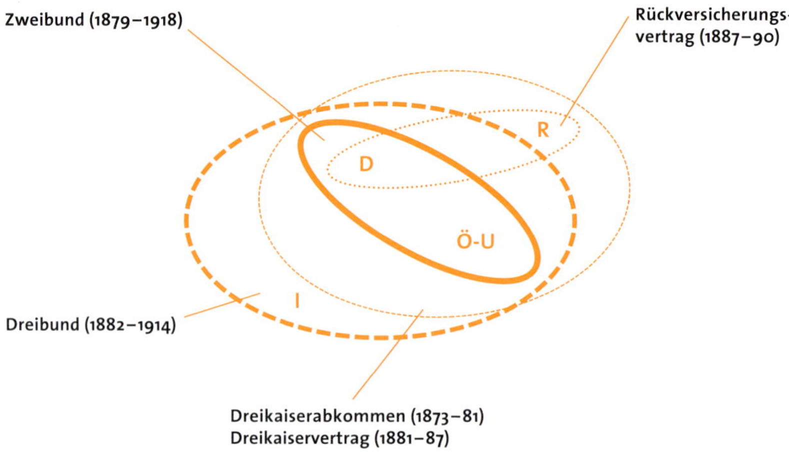

Das außenpolitische Bündnissystem Bismarcks

6.1.2 Gründung des deutschen Kolonialreichs

Bismarck war – treu seinem defensiven außenpolitischen Konzept – eigentlich ein Gegner expansiver Kolonialpolitik. Diese barg aus seiner Sicht den Keim zu möglichen Konflikten mit anderen europäischen Mächten und erschien ihm auch zu kostspielig. Das von Briten und Amerikanern praktizierte Prinzip der „offenen Tür" bot seiner Meinung nach günstigere Perspektiven für die deutschen Handelsinteressen. Und doch wurde der größte Teil des deutschen Kolonialgebiets in Afrika und im Pazifik während seiner Kanzlerschaft in Form von Schutzherrschaften erworben.

Chronologie	Erwerb deutscher Kolonien
1884	Deutsch-Südwestafrika (heute Namibia), Kamerun und Togo
1884/85	im Pazifik: Kaiser-Wilhelm-Land (Ostteil von Neuguinea), Marshallinseln, Bismarckarchipel
1884/85	Deutsch-Ostafrika (heute Tansania)
1898	Kiautschou (chinesische Ostküste, Pachtvertrag)
1899	im Pazifik: Karolinen-, Marianen- und Palauinseln, Westsamoa

Motive für den Kolonialerwerb

- **Bewältigung der wirtschaftlichen Krise:** Durch den Gewinn überseeischer Absatz- und Investitionsgebiete sollte der Außenhandel gefördert, die Konjunktur belebt, der ausländischen Konkurrenz Paroli geboten und die drängenden Forderungen wirtschaftlicher Interessengruppen befriedigt werden.

- **Stabilisierung des autoritären Herrschaftssystems:** Durch Expansion nach außen sollten die sozialen Spannungen im Innern überdeckt und das liberale Wirtschaftsbürgertum durch Befriedigung seiner ökonomischen Interessen in den Staat integriert werden.
- **Reaktion auf Agitation kolonialer Interessengruppen:** Lautstarke Interessenverbände wie der **Deutsche Kolonialverein** (1882) und die **Gesellschaft für deutsche Kolonisation** (1884), die sich 1887 zur **Deutschen Kolonialgesellschaft** zusammenschlossen, drängten durch Presse- und Öffentlichkeitsarbeit auf koloniale Annexionen und begründeten das mit einer Mischung aus nationalistisch-rassistischen, ökonomischen und sozialen Argumenten. Ihre Mitglieder rekrutierten sich vornehmlich aus dem Besitz- und Bildungsbürgertum sowie aus dem Mittelstand. Im Reichstag setzten sich vor allem die Nationalliberalen für den Kolonialerwerb ein.
- **Kolonialerwerb als Mittel im Wahlkampf:** Bismarck hoffte, durch eine Befriedigung der damals populären Kolonialwünsche die Position der regierungsfreundlichen Parteien bei den für 1884 anstehenden Reichstagswahlen gegenüber den sozialistischen und linksliberalen Kolonialkritikern zu stärken.
- **Reaktion auf Aktivitäten deutscher Kaufleute und Unternehmer in Übersee:** Mitte der 1880er-Jahre wurden etliche deutsche Kaufleute, Abenteurer und Unternehmer auf eigene Faust in Übersee aktiv. Sie schlossen Verträge mit einheimischen Herrschern, erwarben Land und suchten anschließend um den Schutz des Reichs für ihre Erwerbungen nach. Zu nennen sind vor allem der Bremer Kaufmann Adolf Lüderitz (1834–86) in Südwestafrika, der Abenteurer Carl Peters in Ostafrika, der Hamburger Kaufmann Adolf Woermann (1847–1911) in Kamerun, der Afrikaforscher Gustav Nachtigal (1834–85) in Togo, das Hamburger Handelshaus Johann Cesar Godeffroy (1838–1912) mit seiner **Deutschen Handels- und Plantagengesellschaft** auf den Samoa- und Tongainseln sowie die Bankiers Adolph von Hansemann (1826–1903) und Gerson von Bleichröder (1822–93) mit ihrer **Neuguinea-Compagnie**.

Biografie **Carl Peters (1856–1918)**

Der aus einer Pastorenfamilie stammende Carl Peters war der Prototyp eines rassistischen und brutalen Kolonialpolitikers. Er war Gründer der Gesellschaft für deutsche Kolonisation, die später in **Deutsch-Ostafrikanische Gesellschaft** (DOAG) umbenannt wurde. Diese finanzierte ihm eine Expedition nach Ostafrika, um dort Gebiete zu erwerben. Die von Peters 1884 mit einheimischen Häuptlingen geschlossenen einseitigen Verträge kamen unter fragwürdigen Bedingungen zustande. 1885 wurden seine Erwerbungen in **Ostafrika** durch einen deutschen Schutzbrief legitimiert. Anschließend erwarb Peters im Namen der DOAG weitere Territorien. Als ein Aufstand gegen seine Herrschaft ausbrach, stellte das Reich 1891 Ostafrika als Schutzgebiet unter staatliche Verwaltung. Peters wurde zum **Reichskommissar am Kilimandscharo** ernannt und führte dort ein so brutales und rücksichtsloses Regiment, dass er schließlich 1897 unehrenhaft entlassen wurde. Peters war 1891 auch Mitbegründer des extrem nationalistischen, expansionistischen und antisemitischen Alldeutschen Verbandes.

6.2
Weltmachtpolitik unter Wilhelm II.

In den Jahren von der Thronbesteigung Wilhelms II. (1888) und der Entlassung Bismarcks (1890) bis zum Ersten Weltkrieg war die deutsche Außenpolitik von offensivem, z.T. sogar aggressivem Geist geprägt. Jetzt ging es nicht mehr um die Bestandswahrung des Reichs, sondern vielmehr darum, dem bevölkerungsmäßig und wirtschaftlich stark gewachsenen Staat in der Mitte Europas den ihm nach Meinung der Herrschenden angemessenen Platz im Reigen der Großmächte zu verschaffen. Man betrieb – angetrieben von dem geltungssüchtigen und oft martialisch auftretenden Kaiser – nun **Weltpolitik.** Dabei dominierten starke Macht- und Prestigebedürfnisse und weniger wirtschaftliche und politische Motive. Der Staatsekretär des Äußeren, Bernhard von Bülow (1849–1929), brachte dieses Denken in einer Reichstagsrede vom 6.12.1897 (im Zusammenhang mit China) pointiert zum Ausdruck:

Die Zeiten, wo der Deutsche dem einen seiner Nachbarn die Erde überließ, dem anderen das Meer und sich selbst den Himmel reservierte, wo die reine Doktrin wohnt – diese Zeiten sind vorüber. [...] Wir sind [...] gern bereit, in Ostasien den Interessen anderer Großmächte Rechnung zu tragen, in der sicheren Voraussicht, dass unsere eigenen Interessen gleichfalls die ihnen gebührende Würdigung finden. [...] [Wir] wollen niemand in den Schatten stellen, aber wir verlangen auch unseren Platz an der Sonne.

Biografie **Kaiser Wilhelm II. (1859–1941)**

Wilhelm II. folgte 1888 seinem nach nur wenigen Monaten Regentschaft gestorbenen Vater Friedrich I. auf dem Kaiserthron nach. Seine Charakterzüge und sein Auftreten wirkten stilbildend und repräsentativ für die Epoche seiner Herrschaft, das Wilhelminische Zeitalter: **autoritär, militaristisch** und **geltungsbedürftig.** Sein oft taktloses und brüskes öffentliches Auftreten beschwor so manche diplomatische Krise herauf. Er mischte sich mit Vorliebe in die Tagespolitik ein, war dabei aber unstet und launisch. Eines seiner Lieblingsprojekte war der Flottenbau, der das Verhältnis zu Großbritannien nachhaltig trübte. 1918 musste er zurücktreten. Im niederländischen Exil lebte er auf Schloss Doorn bis zu seinem Tod.

Flottenpolitik

Ein Kernelement dieser neuen Weltpolitik war der Ausbau der Kriegsflotte. Die treibende Kraft hinter dieser maritimen Aufrüstung war der 1897 berufene Staatssekretär im Marineamt, **Alfred von Tirpitz** (1849–1930), der bei Kaiser Wilhelm II. ein offenes Ohr für seine Ideen fand. Eine leistungsfähige Kriegsflotte sollte zum Werkzeug imperialer Machtpolitik werden. In einem Zeitraum von 20 Jahren sollte die deutsche Schlachtflotte massiv aufgerüstet werden **(Tirpitz-Plan).** Propagandistisch unterstützt vom „Deutschen Flottenverein“, gelang es Tirpitz, 1898 und 1900 im Reichstag zwei **Flottengesetze** durchzubringen, sodass die deutsche Marine gewaltig ausgebaut und aufgerüstet werden konnte. Die leitenden Kennzeichen und Motive der tirpitzschen Flottenpolitik waren:

- Im Zentrum stand der in der Gesetzesbegründung formulierte sog. **Risikogedanke.** Die deutsche Flotte müsse so stark sein, dass ein Angriff auf sie auch für die mächtigste Flotte der Welt (Großbritannien) ein Risiko bedeuten würde.

- Den Kern der Flotte sollten schwer bewaffnete und gepanzerte **Schlachtschiffgeschwader** (Linienschiffe) bilden.
- Tirpitz und die Reichsregierung versprachen sich von dem Flottenprogramm auch die **Einbindung des Industriebürgertums in die Regierungspolitik,** da vor allem die deutsche Schwer- und Maschinenindustrie von der Aufrüstung profitierte.
- Langfristig hoffte die politische Führung sogar, durch die im Zusammenhang mit Aufrüstung und Weltmachtstatus erwartete Wirtschaftsblüte die **Arbeiterschaft für sich zu gewinnen** und in den imperialen Machtstaat zu integrieren.

Basiswissen **Deutscher Flottenverein**

Der 1898 gegründete Deutsche Flottenverein war ein mitgliederstarker Verband, in dem sich Einzelpersonen und Verbände zusammenschlossen, um den Aufbau einer starken deutschen Kriegsflotte zu propagieren. Der nationalistisch und industriefreundlich ausgerichtete Verein war im ganzen Reich in zahlreichen Ortsgruppen vertreten und hatte bald über eine Million Mitglieder. Durch geschickte Lobby- und Öffentlichkeitsarbeit war er sehr erfolgreich und machte den Flottengedanken in weiten Kreisen der Bevölkerung populär.

Folgen der Flottenpolitik

Die rasch vorangetriebene deutsche Flottenrüstung hatte gravierende **außenpolitische Folgen.** Großbritannien, das nach dem Konflikt mit Frankreich bei Faschoda (vgl. Kap. 5.2, S. 65) ursprünglich an einem Bündnis mit dem Reich interessiert war, empfand die deutsche Flottenrüstung mit ihrem gegen die eigene Flotte gerichteten Risikogedanken als Bedrohung. Infolgedessen kam es zu einer schweren **Belastung der deutsch-britischen Beziehungen** und zu einer dramatischen Veränderung der Bündnissysteme am Anfang des 20. Jahrhunderts (vgl. Kap. 6.4, S. 88 ff.).

Eine weitere Folge war ein kostspieliger **Rüstungswettlauf,** den die Deutschen nach der Konstruktion eines völlig neuen und überlegenen Schiffstyps durch die Briten, der sog. Dreadnought-Klasse, nicht gewinnen konnten. Das angestrebte Ziel, die deutsche Flotte auf zwei Drittel der englischen Flottenstärke zu erweitern, wurde nicht erreicht. Auch militärisch erwies sich der Flottenbau als Fehlkalkulation. Die deutsche Marine hatte keinen entscheidenden Einfluss auf den Verlauf des Ersten Weltkriegs.

Sammlungspolitik

Innenpolitisch wurde der konservative Flügel der Großagrarier, der dem Flottenbau skeptisch gegenüberstand und das traditionelle Landheer bevorzugte, durch die Verabschiedung eines protektionistischen Zolltarifs auf Agrarprodukte (1902) für die Regierungspläne gewonnen. So entstand eine neue **bürgerlich-konservative Front** aus modernem Industriebürgertum und alter Agrarelite. Flottenrüstung und Agrarzölle waren Teile einer **Integrationsstrategie,** einer Sammlung von konservativen und bürgerlichen Schichten, mit dem gemeinsamen Ziel, den gesellschaftlichen Status quo gegen die systembedrohende organisierte Arbeiterschaft zu erhalten.

Imperialistische Aktivitäten des Deutschen Reichs nach 1890

Zwischen 1890 und dem Beginn des Ersten Weltkriegs wurde der deutsche Kolonialbesitz nur unwesentlich erweitert.

- **Helgoland-Sansibar-Vertrag** (1890): Tausch der im britischen Besitz befindlichen Insel Helgoland gegen deutsche Ansprüche auf Sansibar und Uganda, verbunden mit einer Abgrenzung der deutsch-britischen Interessengebiete in Ostafrika.
- **Kiautschou** (1898): Nach der Ermordung zweier deutscher Missionare von China erzwungener Pachtvertrag über die Abtretung von Kiautschou und der Halbinsel Shantung an der chinesischen Ostküste; Motiv: Flottenstützpunkt in Ostasien.
- **Pazifikinseln und Samoa:** Karolinen, Marianen und Palauinseln (1899 Kaufverträge mit Spanien); Samoa (1899 Aufteilung zwischen Deutschland und den USA).
- **Boxeraufstand** (1900): Beteiligung deutscher Truppen an der Niederwerfung des fremdenfeindlichen Boxeraufstands (vgl. Kap. 5.7, S. 75).
- **Bagdadbahn:** 1903 unter maßgeblicher deutscher Beteiligung begonnener Bau einer Bahnlinie vom türkischen Konya nach Bagdad; Ziel: Erschließung neuer Absatzmärkte und wirtschaftliche Durchdringung des Osmanischen Reichs, Einflussgewinn im bisher als Interessengebiet von Briten und Franzosen angesehenen Nahen Osten, Gründung von Flottenstützpunkten im Persischen Golf.

6.3 Kennzeichen deutscher Kolonialherrschaft

Die Methoden und Eigenarten deutscher Kolonialherrschaft unterschieden sich von Ort zu Ort und von Fall zu Fall. Dabei spielten verschiedene Faktoren eine Rolle:

- die **Nutzung der Kolonie** als Pflanzungs-, Handels- oder Siedlungskolonie;
- die **geografische Lage** der Kolonie;
- das **Verhalten und die Einstellung der Kolonialbeamten** vor Ort und ihr Umgang mit den Einheimischen und
- die **Reaktion der einheimischen Bevölkerung** und ihrer Führer (Kollaboration oder Widerstand).

6.3.1 Afrika

Die vier afrikanischen Kolonien Südwestafrika, Togo, Kamerun und Ostafrika wurden innerhalb eines Jahres unter deutsche **Schutzherrschaft** gestellt. Dort galt die Reichsverfassung nicht, vielmehr unterstanden sie **unmittelbar dem Kaiser.** Eine dem Auswärtigen Amt angegliederte **Kolonialabteilung** war zusammen mit dem Reichsmarineamt für die zivilen und militärischen Belange der Schutzgebiete zuständig. An der Spitze der Kolonialverwaltung standen **Gouverneure,** denen die deutschen Kolonialbeamten und **Schutztruppen** sowie die einheimischen Polizeiverbände unterstanden. Die einheimische Bevölkerung erhielt nicht die deutsche Staatsbürgerschaft, sondern besaß einen besonderen Rechtsstatus und lebte meist nach dem traditionellen Stammesrecht. Bei Streitigkeiten zwischen Deutschen und Farbigen entschieden deutsche Gerichte.

Togo und Kamerun

Das kleinste **Schutzgebiet, Togo** in Westafrika, galt aus deutscher Sicht als **Musterkolonie.** Maßgebend für diese Beurteilung war die Tatsache, dass es so gut wie keine Unruhen und Aufstände vonseiten der Einheimischen gab und dass die Kolonie von finanziellen Zuschüssen des Reichs weitgehend unabhängig war. Die geringen Kosten für Verwaltung und Militär konnten durch Zoll- und Steuereinnahmen gedeckt werden. Die Ursachen für diese Entwicklung waren:

- das Engagement christlicher Missionare und deutscher Händler, die das Vordringen großer Kapital- und Pflanzungsgesellschaften verhinderten;
- eine aufgeklärte Kolonialverwaltung, die die traditionelle Produktvielfalt und das Ausbildungsniveau der Bevölkerung förderte, und
- die teilweise Beteiligung einheimischer Herrscher an der Verwaltung.

Dies relativ positive Bild wurde durch drei gravierende **Missstände** getrübt: die Anwendung von Kettenhaft und Prügelstrafe, das Fehlen echter politischer Mitspracherechte und die Verweigerung eigener Handelsaktivitäten für die Einheimischen.

Weitaus schlimmer für die Bevölkerung sah es im **Protektorat Kamerun** aus. Hier waren große **Kapitalgesellschaften** aktiv, die mithilfe drakonischer Unterdrückungsmaßnahmen des finanziell als Aktionär beteiligten deutschen Gouverneurs eine einträgliche Kautschukproduktion betrieben. Für die Einheimischen bedeutete dies, dass sie

- ihr Land zugunsten der deutschen Pflanzungsgesellschaften fast ganz verloren,
- zur Gewinnung zusammenhängender Anbauflächen und zur besseren Arbeiterrekrutierung zwangsumgesiedelt wurden und
- bei Widersetzlichkeit festgenommen wurden, harte Körperstrafen erhielten und zur Zwangsarbeit verpflichtet wurden.

Südwestafrika

Nach der Entsendung einer Schutztruppe gelang es den Deutschen, durch – oft mit Waffengewalt erzwungene – Verträge mit den Herrschern der einheimischen Stämme der **Nama** und **Herero** ihre Oberhoheit im heutigen Namibia durchzusetzen. Dabei nutzten sie die traditionelle Feindschaft zwischen dem Nomadenvolk der Herero, das ausschließlich von der Viehzucht lebte, und den von Süden eingedrungenen halb nomadischen Nama, die ihnen die Weidegebiete streitig machten, nach der Devise „teile und herrsche“ geschickt aus.

Die deutsche Kolonialverwaltung stand zunächst unter der Leitung von Gouverneur Theodor Leutwein (1849–1921). Dieser bemühte sich um ein gutes Verhältnis vor allem zu den Stammeshäuptlingen und räumte ihnen beschränkte Selbstverwaltungsrechte ein. Auf diese Weise wollte er das deutsche Kolonialregime für die Einheimischen möglichst angenehm gestalten. Aus dem Schutzgebiet sollte langfristig eine **Auswanderungskolonie für deutsche Siedler** mit einer Zweiklassengesellschaft werden, die aus einer dominierenden deutschen Herrenschicht und den einheimischen Völkern als Bewohnern zweiter Klasse bestand. Der Nama-Häuptling Hendrik Witbooi (etwa 1834–1905) erkannte durchaus, was diese Pläne für die Einheimischen bedeuteten:

Für mich bedeutet (der Schutzvertrag) vielmehr Schmälerung, Verachtung und die Errichtung eigener Herrschaft über Kapitaine [Häuptlinge], Volk und Land; denn die Deutschen lassen sich im Gebiet der Kapitaine nieder, ohne erst um Erlaubnis zu bitten, drängen den Menschen, denen die Gebiete gehören, ihre Gesetze auf, verbieten das freie Herumstreifen auf den Wegen, verbieten ihnen freie Verfügung über ihr eigenes Wasser und über die Weide; sie verbieten den Landeseingeborenen die Jagd auf ihr eigenes Wild; verbieten den Menschen, mit Gewehr auf irgendeinem Platz zu erscheinen; geben den Menschen bestimmte Uhrzeiten und Tage als Termine an und halten die Menschen außerhalb der Wohnplätze an. So hart, unerträglich, unmöglich und schädlich ist das deutsche Gesetz; ferner ist es drückend und kleinlich. Es wirkt nur zum Schaden und zur Bedrückung des Menschen.

Konflikte zwischen Eingeborenen und deutschen Siedlern waren vorprogrammiert. Eine **Naturkatastrophe** zerstörte 1897 schließlich das labile Gleichgewicht endgültig. Eine **Rinderpest,** der eine Malariaepidemie, ein Heuschreckeneinfall und eine Dürreperiode folgten, beraubte vor allem die Herero ihrer Existenzgrundlage. Die Folgen für das Verhältnis zu den Deutschen waren gravierend:

- Sie mussten sich bei den deutschen Einwanderern als **Lohnarbeiter** verdingen und wurden so vom europäischen Warenangebot abhängig.
- Sie mussten große Teile ihres Landes an die Weißen verkaufen, die diese Zwangslage rücksichtslos ausnutzten.
- Das Marktmonopol der Herero für Vieh war gebrochen, sodass die in großer Zahl ins Land kommenden weißen Siedler eigene Rinderfarmen aufbauen konnten.
- Die Deutschen gebärdeten sich zunehmend als **Herrenmenschen,** die die Eingeborenen bei Land- und Warentransaktionen ausbeuteten und betrogen. Dazu kamen drakonische Strafen auch bei geringfügigen Vergehen.

Aufstand der Herero und Nama 1904/05

Auf die zunehmenden Härten der deutschen Kolonialherrschaft reagierten Anfang 1904 zunächst die **Herero** mit einer bewaffneten Erhebung. Leutwein war bestrebt, den Konflikt friedlich beizulegen. Doch davon wollte der Kaiser in Berlin nichts wissen. Gegen den Widerstand des Reichskanzlers und des Kolonialamts entsandte er den wegen seiner Brutalität umstrittenen, aber in Kolonialkriegen erprobten General **Lothar von Trotha** (1848–1920) als neuen Chef der Schutztruppe nach Südwestafrika. Dieser gab sich nicht mit der Unterwerfung der Aufständischen zufrieden, sondern plante die völlige **Vernichtung der Herero.** Nach der siegreichen **Schlacht am Waterberg** (11.8.1904) trieben seine Truppen die Überlebenden mitsamt ihren Angehörigen und ihrem Vieh in die wasserlose Omaheke-Wüste, besetzten die Wasserlöcher, riegelten das Gebiet weiträumig ab und gaben so die Eingekesselten dem sicheren Tod durch Verhungern und Verdursten preis. Kurz darauf erließ von Trotha seinen berüchtigten Schießbefehl, der an Deutlichkeit nichts zu wünschen übrig ließ:

Innerhalb der deutschen Grenze wird jeder Herero mit oder ohne Gewehr, mit oder ohne Vieh erschossen, ich nehme keine Weiber und keine Kinder mehr auf, treibe sie zu ihrem Volke zurück oder lasse auch auf sie schießen. Dies sind meine Worte an das Volk der Herero. Der große General des mächtigen Deutschen Kaisers.

Ende 1904 erhoben sich auch die **Nama,** die bisher den Deutschen Waffenhilfe gegen die mit ihnen verfeindeten Herero geleistet hatten, gegen die Kolonialherren. Aufgeschreckt von den Gräueln der Schutztruppe und in Furcht vor einem ähnlichen Schicksal starteten sie unter der Führung von Hendrik Witbooi einen geschickten Guerillakrieg. Erst nach dessen Tod im Oktober 1905 brach der Widerstand allmählich zusammen. Das Ergebnis des deutschen Kolonialkriegs war furchtbar:

- Weit über die Hälfte der einheimischen Bevölkerung wurde ausgerottet.
- Die Gefangenen wurden in Konzentrationslagern unter schlimmen Bedingungen zusammengepfercht, die viele das Leben kosteten.
- Die Eingeborenen verloren ihr gesamtes Land, sie wurden in Internierungslagern zusammengefasst und zu öffentlichen Arbeiten gezwungen.

Die historische Postkarte zeigt gefangen genommene Herero. Ein deutscher Kaffeeimporteur nutzte die Niederschlagung des Aufstandes zu Reklamezwecken.

Ostafrika

1891 wurde Deutsch-Ostafrika, das bis dahin von der von Carl Peters gegründeten Deutsch-Ostafrikanischen Gesellschaft verwaltet worden war, als Schutzgebiet vom Reich übernommen und einem von Berlin entsandten Gouverneur unterstellt. Fast zeitgleich wie in Südwestafrika brach auch dort 1905 eine Erhebung gegen die deutsche Kolonialherrschaft aus, der sog. **Maji-Maji-Aufstand,** der von einer Mischung aus religiösen und antikolonialistischen Motiven gespeist wurde. Ein magisches Wasser (maji) sollte im Kampf Kraft und Unverwundbarkeit verleihen. Die **Motive für die Revolte,** die von mehreren Völkerschaften getragen wurde, waren ähnlich wie in Südwestafrika:

- **Steuerzahlungen** (erst Hütten-, ab 1905 höhere Kopfsteuer) an die Deutschen, die die Einheimischen zur Übernahme von **Lohnarbeiten** auf Pflanzungsplantagen mit Monokulturen (Kautschuk, Baumwolle, Sisal, Kaffee) für den Export zwangen, während ihre eigenen Felder brachlagen;
- Zwang zu **Infrastrukturarbeiten** (Bau von Eisenbahnen, Straßen, Brücken, Häfen), die vornehmlich den Deutschen nutzten;
- Zwangsübernahme eines **fremden Gesellschafts- und Wertesystems** sowie einer harten Arbeitsdisziplin, die im Widerspruch zum gewohnten Arbeitsrhythmus und zu ihren traditionellen sittlichen und religiösen Gepflogenheiten standen;
- **Überwachung und brutale Bestrafung** durch arabische Hilfskräfte, die die Deutschen eingesetzt hatten und die unter den Einheimischen verhasst waren.

Durch ihre **überlegene Waffen- und Nachrichtentechnik** (Maschinengewehr, Telegrafenlinien) und eine **Politik der verbrannten Erde** (Zerstörung von Dörfern, Brunnen und Feldern, Raub des Viehs) gelang es den deutschen Schutztruppen bis 1906, den Aufstand unter Kontrolle zu bringen.

Reformmaßnahmen: Die blutige Niederschlagung der Aufstände in Südwest- und Ostafrika fand in der deutschen Öffentlichkeit und im Reichstag ein breites und oft kritisches Echo. Die Debatte bewirkte, dass im neu geschaffenen Reichskolonialamt, das von dem linksliberalen Bankier Bernhard Dernburg (1865–1937) geleitet wurde, ein Umdenken einsetzte. Man beschloss ein Gesetzespaket, das eine Reform der Kolonialverwaltung, staatliche Entwicklungsprogramme für die Kolonien, Anreize zum Kapitalexport und vor allem Schutzmaßnahmen für die einheimische Bevölkerung vorsah. Doch in der Praxis blieb bis zum Beginn des Ersten Weltkriegs vieles noch beim Alten.

6.3.2 Südsee

Auf den Südseeinseln verlief die deutsche Kolonialherrschaft weitgehend friedlich und unblutig. Dort waren deutsche Handelshäuser und christliche Missionare aktiv, die ihre Interessen weitgehend gewaltlos verwirklichen konnten. Entscheidend war aber vor allem die behutsame und relativ verständnisvolle Verwaltung durch Gouverneure wie Wilhelm Solf (1862–1936) auf Samoa und Albert Hahl (1868–1945) auf Neuguinea. Solf war zwar durchaus von einer kulturellen Mission der Weißen überzeugt, wollte dabei aber die Kultur der Inselbewohner so weit wie möglich erhalten. In einer Reichstagsrede betonte er 1913:

Kolonisieren ist Missionieren und zwar Missionieren in dem hohen Sinne der Erziehung zur Kultur. Aber nicht zur europäischen Kultur, sondern zu einer Kultur, die im Boden und in der Heimat der Eingeborenen Wurzel fassen kann und ihrem geistigen und seelischen Zuschnitt angepasst ist.

So verzichtete er auch auf eine deutsche Schutztruppe und hielt die Ordnung mit einheimischen Polizeikräften aufrecht. Außerdem etablierte er eine **Selbstverwaltung der Ureinwohner.** Das von Hahl entworfene koloniale Programm auf Neuguinea war ein Musterbeispiel für eine verständnis- und rücksichtsvolle Kolonialverwaltung mit folgenden Kernpunkten:

- **Schutz des Landbesitzes der Einheimischen** und Rückgabe von bereits im Besitz europäischer Pflanzer befindlichen Landes an die Dorfgemeinschaften;
- Schaffung von großen unverkäuflichen Reservaten für die Ureinwohner;
- Einbindung der Einheimischen in das koloniale Wirtschaftssystem durch Anbau von Exportprodukten (z. B. Kokospalmen) auf Eigenland;
- Bestimmungen über Arbeitszeiten und Lohnhöhe auf den Plantagen;
- Ernennung einheimischer und besoldeter Ortsvorsteher für die kommunale Verwaltung und Regelung kleinerer Rechtsstreitigkeiten;
- Aufbau einer **medizinischen Versorgung** mit Hospitälern und einheimischen Medizinalassistenten;
- Einrichtung eines **Schulsystems** aus Grund- und Handwerkerschulen.

6.3.3 Kiautschou

Kiautschou stand – entsprechend seiner ursprünglichen Bestimmung als Flottenstützpunkt und anders als die übrigen deutschen Kolonien – unter der **Leitung des Reichsmarineamts.** Der Gouverneur war ein Marineoffizier. Der Chef der Flotte, Admiral Alfred von Tirpitz (vgl. Kap. 6.2, S. 82), plante, aus Kiautschou eine **Musterkolonie** zu machen, um von dort aus die wirtschaftliche Erschließung Chinas für die deutschen Interessen voranzutreiben und dabei die neue Stärke des Reichs und vor allem der Flotte nach außen, speziell gegenüber Großbritannien, zu demonstrieren.

In ihrer Kolonie praktizierte die Marineleitung eine **strikte Trennung zwischen Deutschen und Chinesen,** die zwar ihre traditionellen Rechte und Einrichtungen behielten, aber an der eigentlichen Verwaltung und der Rechtsprechung nicht beteiligt waren. Auch die Wohnbereiche der Einheimischen und der Deutschen wurden klar auseinandergehalten; die Hauptstadt Qingdao (dt. Tsingtau) bestand aus einer Chinesen- und einer Europäerstadt.

Das von der Marineführung entworfene und auch größtenteils umgesetzte **Entwicklungskonzept für Kiautschou und Qingdao** bestand aus folgenden Elementen:

- einer **fortschrittlichen Bodenpolitik** mit einer Kontrolle aller Grundstückstransaktionen, durch die Grundstücksspekulationen verhindert und eine planvolle Bebauung gefördert werden sollten;
- einer **modernen Stadtplanung,** die den Anforderungen von Wohnen, Freizeit und Verkehr Rechnung trug, und **Bauvorschriften** zum Schutz vor Krankheiten und Feuer sowie zur Gewährleistung der Standfestigkeit der Gebäude;
- **hygienischen Maßnahmen** zum Schutz vor Seuchen (medizinische Versorgung, Pflasterung und Reinigung der Straßen, Kanalisation, Trinkwasserleitungen);
- einem mit dem Motiv einer „deutschen Kulturmission" begründeten **Bildungsprogramm** (deutsch-chinesische Hochschule, Grund- und Oberschulen für Mädchen und Jungen, Lehrlingsausbildungsstätten).

6.3.4 Deutsche Kolonialpolitik – eine Bilanz

Nach dem Ersten Weltkrieg mussten die Deutschen aufgrund des Versailler Vertrags ihre Kolonien abgeben. Sie wurden zu Völkerbundmandaten, die von Großbritannien, Frankreich und Südafrika (afrikanische Kolonien) sowie von Japan, Australien und Neuseeland (pazifische Kolonien und Kiautschou) verwaltet wurden. Aber nicht nur wegen dieses Verlusts fiel die Bilanz der deutschen Kolonialpolitik ernüchternd aus. Sie konnte die in sie gesteckten Erwartungen nicht erfüllen:

- **Wirtschaftlich** spielten die Kolonien kaum eine Rolle – weder als Absatzmärkte noch als Rohstofflieferanten noch als Ziel von Investitionen. 1913 betrug ihr Anteil beim Export nur 0,6 Prozent und am Import nur 0,5 Prozent; insofern konnten die Kolonien auch Krisen oder Konjunkturabschwüngen nicht entgegenwirken.
- Auch der **Export der sozialen Frage und des Bevölkerungsdrucks** durch Auswanderung und Siedlungsbildung in den Kolonien gelang nicht. Die Menschen wanderten eher nach Amerika aus oder strömten in die rasch wachsenden Städte. Dazu kam eine Mitte der 1890er-Jahre beginnende Wirtschaftsblüte, die der Arbeiterschaft im Land eine Verbesserung ihrer Lebensumstände brachte. So wurde die Kolonialbewegung nie sonderlich populär, zumal da die überseeischen Gebiete wegen ihres Klimas für europäische Siedler meist wenig geeignet waren.
- **Finanziell** gesehen blieben die Kolonien wegen der hohen Aufwendungen für Verwaltung und militärische Aktionen ein Verlustgeschäft für das Reich. Privatunternehmen dagegen haben durchaus beträchtliche Profite in den Kolonien erzielt.

6.4 Bündnisse, Konflikte und Krisen vor 1914

Neuer Kurs der wilhelminischen Außenpolitik und Politik der freien Hand

Der **neue Kurs** der Außenpolitik des wilhelminischen Deutschland zeigte sich auch im Verhältnis zu den anderen europäischen Mächten. Statt des defensiven, von Bismarck konzipierten Bündnissystems, das jetzt als Hemmnis empfunden wurde, favorisierte man nun eine **Politik der freien Hand** ohne Bündnisverpflichtungen, um Russland und Großbritannien gegeneinander ausspielen und dabei die Machtstellung des Reichs vergrößern zu können. Nur das Bündnis mit Österreich (und Italien) blieb erhalten. Infolgedessen war das Reich jetzt noch stärker auf diese Partner angewiesen und konnte in die komplizierten Probleme auf dem Balkan verwickelt werden. 1898 fasste Außenstaatssekretär von Bülow die deutsche Sicht der außenpolitischen Lage des Reichs in Europa bündig zusammen:

Was Deutschlands politische Stellung in Europa angeht, so halten wir an der Dreibundkombination als vorläufigem Ausgangspunkt so lange wie möglich fest. [...] In den für die europäische Politik im Vordergrund stehenden großen Gegensätzen, die einmal zwischen England und Frankreich und sodann wiederum zwischen England und Russland vorliegen, kann es für uns auch in Zukunft einstweilen nur richtig sein, eine abwartende Mittelstellung einzunehmen.

Deutschlands Weg in die Isolierung

Deutschlands Weg in die außenpolitische Isolierung auf der einen Seite und die Annäherung von Russland, Großbritannien und Frankreich auf der anderen Seite vollzog sich in mehreren Schritten:

- Am Anfang stand 1890 die **Nichtverlängerung des Rückversicherungsvertrages** mit Russland, weil dieser mit dem Dreibund nicht zu vereinbaren sei.
- Darauf folgte als Reaktion 1894 ein **Defensivbündnis Russlands mit Frankreich.** Dadurch gelang es Frankreich, die durch das bismarcksche Bündnissystem bewirkte außenpolitische Isolation zu durchbrechen. Gleichzeitig wurde für das Reich die Gefahr eines Zweifrontenkriegs heraufbeschworen.
- Das Verhältnis Deutschlands zu Großbritannien wurde durch die sog. **Krüger-Depesche** belastet, in der der Kaiser 1896 dem Burenführer Ohm Krüger (1825–1904) zu einem Erfolg gegen die Briten in Südafrika gratulierte.
- Ab 1898 trübte die geplante deutsche **Flottenrüstung** (vgl. Kap. 6.2, S. 80 f.) die Beziehungen zu Großbritannien weiter.
- Aufgrund ihrer angespannten außenpolitischen Lage (Faschodakrise mit Frankreich [Kap. 5.2, S. 65], Burenkrieg, Konkurrenz mit Russland in Asien [Bosporus, Persien, Afghanistan]) beschlossen die Briten um die Jahrhundertwende, ihre bis dahin gewahrte „Splendid Isolation“ aufzugeben und sich nach einem Bündnispartner umzusehen. Doch auf die **britischen Bündnissondierungen** von 1898 und 1901 reagierte die Reichsregierung in der Annahme hinhaltend, die britisch-russischen Gegensätze einerseits und die französisch-britischen Spannungen andererseits seien unüberbrückbar. Deutschland sei dabei in der Position des lachenden Dritten und könne irgendwann von Großbritannien noch günstigere Bündnisbedingungen erlangen. Doch das Gegenteil trat ein: Die durch das zweite Flottengesetz von 1900 forcierte, gegen England gerichtete Flottenrüstung ließ die Distanz der Briten zum Reich weiter zunehmen.

Chronologie **Bündnisse und Krisen vor 1914**

1890	**Nichtverlängerung des Rückversicherungsvertrages** durch das Deutsche Reich
1894	**Defensivbündnis** zwischen **Frankreich** und **Russland**
1898	**Faschodakrise** (vgl. Kap. 5.2, S. 65)
1904	**Entente cordiale** zwischen Großbritannien und Frankreich: Interessenabgrenzung in Ägypten und Marokko
1905	**Erste Marokkokrise:** Einschreiten Deutschlands gegen französische Expansionsvorhaben in Marokko
1907	**Tripelentente:** Verständigung zwischen Großbritannien und Russland in Asien, loses Bündnis zwischen Großbritannien, Russland und Frankreich
1908	**Bosnienkrise:** Annexion von Bosnien-Herzegowina durch Österreich; Solidarisierung Deutschlands mit Österreich trotz internationaler Proteste
1911	**Zweite Marokkokrise:** Verschärfung der Spannung zwischen Deutschland sowie Großbritannien und Frankreich nach der Entsendung des deutschen Kanonenboots „Panther" nach Agadir **(Panthersprung).**

Wandel der europäischen Bündniskonstellation

Verständigung zwischen Großbritannien und Frankreich: Nach der kühlen Reaktion der Deutschen bemühte sich Großbritannien zunächst um einen Ausgleich mit Frankreich. Die britische Regierung hoffte, dadurch gleichzeitig Frankreich als Bündnispartner Russlands, des Rivalen in Asien, zu neutralisieren. Das Vorhaben gelang über einen Interessenausgleich zwischen Großbritannien und Frankreich in Nordafrika. Die Vereinbarung von 1904 **(Entente cordiale)** hatte folgenden Inhalt:

- Frankreich erkannte Großbritanniens Herrschaft über Ägypten an;
- Großbritannien überließ Frankreich Marokko als Einflussgebiet;
- man sicherte sich gegenseitig freie Durchfahrt durch den Sueskanal bzw. die Straße von Gibraltar zu.

Verständigung zwischen Großbritannien und Russland: Nach der Niederlage Russlands gegen Japan (vgl. Kap. 5.4, S. 70 f.) bemühte sich auch das Zarenreich um eine Verbesserung seiner Bündnissituation. Nach dem Scheitern eines deutsch-russischen Abkommens 1905 wandten sich die Russen Großbritannien zu. Unter Vermittlung französischer Diplomaten gelang im **Vertrag von Sankt Petersburg 1907** eine Abgrenzung der Interessensphären in Asien:

- Persien wurde in eine russische Einflusszone im Norden, eine britische im Süden und eine neutrale Mittelzone geteilt;
- Afghanistan sollte unabhängig bleiben und als Puffer zwischen Russland und Britisch-Indien fungieren;
- Tibet schließlich sollte unter chinesischer Oberhoheit bleiben.

Das wichtigste politische Ergebnis dieser Vereinbarung war die damit implizit verbundene Erweiterung der Entente cordiale zur **Tripelentente.** Diese Entwicklung wurde in Deutschland als gegnerische Einkreisung empfunden, um eine deutsche

Großmachtstellung zu verhindern. Doch weder Entente cordiale noch Tripelentente waren offensiv ausgerichtet. Im Gegenteil: Deutschland hatte sich durch seine Politik der freien Hand und sein offensives Verhalten bei außenpolitischen Krisen Anfang des 20. Jahrhunderts selbst isoliert. Erschwerend kam hinzu, dass Italien sich inzwischen mit Frankreich verständigt hatte und damit faktisch aus dem Dreibund ausgeschieden war. So standen jetzt **Tripelentente** und **Zweibund** einander gegenüber.

Erste Marokkokrise: Anfang 1905 versuchte die Reichsregierung, die Entente durch die Bildung eines Kontinentalbunds mit Russland und Frankreich zu sprengen. Als Hebel dazu sollte Frankreichs Vorgehen in Marokko dienen, das in ein Protektorat umgewandelt werden sollte. Berlin erklärte ein internationales Garantieabkommen über die Souveränität Marokkos von 1880 für verletzt und verlangte, deutsche Wirtschaftsinteressen zu respektieren und eine internationale Konferenz zur Klärung der Angelegenheit einzuberufen. Man hoffte, Frankreich erlitte dort eine diplomatische Niederlage und könne so von Großbritannien gelöst und für den Kontinentalbund reif gemacht werden. Demonstrativ stattete Wilhelm II. im März 1905 dem marokkanischen Sultan einen Besuch ab. Doch die Pläne Berlins schlugen fehl:

- Das Bündnis mit Russland kam nicht zustande, weil die dortige Regierung sich von Deutschland nicht gegen Frankreich instrumentalisieren lassen wollte.
- Die **Konferenz von Algeciras** (1906) brachte der deutschen Diplomatie zwar gewisse Erfolge (Anerkennung der Souveränität Marokkos, Handelsfreiheit), verstärkte aber die Isolierung Deutschlands, das nur noch von Österreich gestützt wurde. Großbritannien und Frankreich rückten enger zusammen.

Zweite Marokkokrise: 1911 brach ein weiterer Konflikt um Marokko aus. Die Deutschen hatten zwar 1909 den Franzosen dort die Vorherrschaft eingeräumt, doch nahmen sie – angespornt von einer massiven Pressekampagne – eine Verletzung der Vereinbarung von Algeciras durch Frankreich zum Anlass, eine koloniale Entschädigung in Mittelafrika zu fordern. Die Entsendung des Kanonenboots „Panther“ in den Hafen von Agadir sollte den deutschen Wünschen Nachdruck verleihen. Man einigte sich schließlich darauf, dass Frankreich einen Teil des französischen Kongo an Deutschland abtrat, im Gegenzug erkannten die Deutschen die Vorherrschaft Frankreichs in Marokko an. Das deutsche Vorgehen, das auch in Großbritannien ein äußerst negatives Echo fand, schweißte die Entente noch enger zusammen und man begann, gemeinsame Aufmarschpläne für den Kriegsfall zu entwickeln.

Bosnienkrise: Die Jungtürkische Revolution von 1908, die die Wiedererrichtung eines großtürkischen Reichs unter Einschluss der Balkanländer forderte, löste die Bosnienkrise aus. Davon war auch das unter osmanischer Oberhoheit stehende, aber von Österreich verwaltete Bosnien-Herzegowina betroffen. Kurz entschlossen annektierte Österreich das Gebiet, was heftige Proteste in Serbien und Russland hervorrief. Die deutsche Regierung gewährte seinem Bündnispartner durch ein Ultimatum an Russland Rückendeckung **(Nibelungentreue),** sodass der Zarenhof sich zur Anerkennung der neuen Verhältnisse auf dem Balkan gezwungen sah. Auch das Osmanische Reich erklärte sich gegen eine Entschädigungszahlung dazu bereit. Doch der Erfolg war vordergründig: Russland rückte nun näher an Großbritannien und Frankreich heran und verstärkte seine Rüstungsanstrengungen.

7
Der Erste Weltkrieg

Das Zeitalter des Imperialismus gipfelte im Ersten Weltkrieg. Das vierjährige blutige Ringen erschütterte und veränderte das europäische Mächtesystem von Grund auf. Die politische Landkarte, vor allem diejenige Osteuropas, des Balkans und des Vorderen Orients, wurde neu gezeichnet und die politische und gesellschaftliche Ordnung der drei europäischen Kaiserreiche (Deutschland, Österreich und Russland) brach zusammen. Revolutionäre Umwälzungen brachten neue Staats- und Gesellschaftssysteme hervor, die fast das ganze 20. Jahrhundert prägten.

7.1
Balkankrise, Julikrise und Kriegsausbruch

Die sich häufig zu einem extremen Chauvinismus steigernde Rivalität der europäischen Großmächte, ihre Konkurrenz um politische Macht und wirtschaftlichen Einfluss und die vom Deutschen Reich betriebene riskante Außenpolitik führten schließlich zum Ersten Weltkrieg. Ausgelöst wurde er durch die explosive Lage auf dem Balkan, die im Sommer 1914 in der sog. **Julikrise** kulminierte.

Basiswissen **Chauvinismus**

Unter Chauvinismus versteht man ursprünglich einen überzogenen, extremen und mit Hass auf die anderen Völker verbundenen Nationalismus. In Deutschland vertrat vor allem der 1894 gegründete **Alldeutsche Verband** chauvinistische Positionen, die zusätzlich mit rassistischem und imperialistischem Gedankengut angereichert wurden. In den 1970er-Jahren erfuhr der Begriff eine Bedeutungserweiterung, als die „neue Frauenbewegung" ihn übernahm, um das patriarchalische Verhalten vieler Männer zu bezeichnen.

7.1.1
Balkankrise

Balkanbund und Balkankriege

Auch nach der Beilegung der Bosnienkrise 1908 (vgl. Kap. 6.4, S. 90) kehrte noch keine Ruhe auf dem Balkan ein. Unter russischem Patronat schlossen sich 1912 Bulgarien, Serbien, Montenegro und Griechenland zum sog. **Balkanbund** mit dem Ziel zusammen, die Herrschaft der Osmanen auf dem Balkan mit Gewalt zu beenden, die frei werdenden Gebiete unter sich aufzuteilen und dem weiteren Vordringen Österreichs einen Riegel vorzuschieben. 1912 und 1913 kam es zu **zwei Kriegen,** die erhebliche Machtverschiebungen auf dem Balkan zur Folge hatten:

- Das **Osmanische Reich** verlor fast alle seine europäischen Gebiete.
- **Makedonien** wurde zwischen Griechenland und Serbien aufgeteilt. Dadurch konnte Serbien sein Staatsgebiet verdoppeln.
- **Bulgarien,** das sich bei der Aufteilung Makedoniens zu kurz gekommen fühlte, musste sich nach einer militärischen Niederlage im Zweiten Balkankrieg gegen seine früheren Partner mit der Nordostecke Makedoniens und einem schmalen Zugang zur Ägäis begnügen.
- Österreich konnte mit deutscher und italienischer Unterstützung ein weiteres Vordringen Serbiens zur Adria durch die Bildung des neuen selbstständigen Staats **Albanien** verhindern.

Trotz dieser Regelungen blieb die Lage auf dem Balkan wegen der widerstreitenden Interessen weiter gespannt. Serbien strebte nach wie vor danach, sein Territorium bis zur Adria zu erweitern, was Österreich unbedingt verhindern wollte. Das Osmanische Reich und Bulgarien wollten die Grenzverschiebungen nach Möglichkeit revidieren und ihre verlorene Position auf dem Balkan wieder zurückerlangen, was aber den von Russland unterstützten serbischen Expansionsplänen zuwiderlief. Daher wurden das Osmanische Reich und Bulgarien wegen des gemeinsamen Gegners Serbien bei einem möglichen Konflikt zu potenziellen Partnern des Zweibunds.

Weil von der explosiven Lage auf dem Balkan die Gefahr eines Kriegs ausging, in den auch die anderen europäischen Mächte verwickelt zu werden drohten, reagierten diese mit **Aufrüstung** und einer deutlichen **Erhöhung der Heeresstärke.**

7.1.2 Julikrise und Kriegsausbruch

Das Attentat eines serbischen Untergrundkämpfers auf das österreichische Thronfolgerpaar in der bosnischen Hauptstadt Sarajewo war der Funke, der die gefährliche Lage auf dem Balkan zur Explosion brachte. Durch die Beziehungen der europäischen Mächte untereinander war die Gesamtsituation darüber hinaus so brisant, dass ein gesamteuropäischer Konflikt möglich war:

- **Österreich,** das sich durch den expansiven slawischen Nationalismus bedroht fühlte, konnte dieses Attentat nicht ohne eine entsprechende Reaktion hinnehmen.
- Bei einem militärischen Vorgehen der Österreicher gegen Serbien drohte ein Konflikt mit dessen Schutzmacht **Russland,** das seinen wichtigsten Verbündeten auf dem Balkan nicht im Stich lassen konnte.
- Österreich, das sich allein zu schwach fühlte, war im Kriegsfall auf die Unterstützung seines Zweibundpartners **Deutschland** angewiesen, das wiederum seinen letzten verbliebenen Bündnispartner nicht verlieren durfte.
- Bei einem Konflikt des Zweibunds mit Russland war mit einem Eingreifen von dessen Bundesgenossen **Frankreich** zu rechnen.
- Außerdem signalisierten die Vorbereitung einer britisch-russischen Marinekonvention und entsprechende diplomatische Hinweise, dass **Großbritannien** nicht abseitsstehen und sich ebenfalls militärisch engagieren würde.

In dieser Situation bekräftigte die deutsche Regierung unter Kanzler Theobald von Bethmann Hollweg (1856–1921) gegenüber den Österreichern ihre uneingeschränkte Bündnistreue (sog. **Blankoscheck**) und gab ihnen freie Hand zu einem energischen Vorgehen gegen Serbien.

Chronologie	Die Julikrise 1914
28.6.	**Ermordung des österreichischen Thronfolgers** Franz Ferdinand und seiner Frau durch einen serbischen Attentäter
5./6.7.	Deutsche Zusicherung der vollen Rückendeckung und Bündnistreue an Österreich **(Blankoscheck)**
23.7.	Scharfes Ultimatum Österreichs an Serbien
25.7.	Teilmobilmachung in Österreich, Unterstützungszusage Russlands an Serbien
28.7.	Kriegserklärung Österreichs an Serbien
30./31.7.	Generalmobilmachung in Russland und Österreich
1./3.8.	**Deutsche Mobilmachung und Kriegserklärung an Russland und Frankreich**
4.8.	Britische Kriegserklärung an Deutschland nach deutschem Einmarsch in das neutrale Belgien

Kriegsausbruch

Mit deutscher Rückendeckung stellte Österreich ein praktisch unerfüllbares **Ultimatum an Serbien.** Trotz serbischer Zugeständnisse blieb Österreich hart und erklärte Serbien den Krieg. Nun zeitigten die verschiedenen Bündnisverpflichtungen und die deutsche Bindung an eine offensive militärische Strategie (Schlieffenplan, s.u.) ihre verhängnisvolle Automatik. Innerhalb weniger Tage machten die beteiligten Mächte mobil. Der **deutschen Kriegserklärung an Russland und Frankreich** folgte – entsprechend dem Schlieffenplan – der Einmarsch in das neutrale Belgien. Daraufhin trat auch dessen Garantiemacht **Großbritannien** in den Krieg gegen Deutschland ein. So standen sich ab August 1914 Russland, Frankreich und Großbritannien **(Alliierte)** auf der einen Seite sowie Deutschland und Österreich **(Mittelmächte)** auf der anderen Seite gegenüber. Die Türkei und später (1915) auch Bulgarien schlossen sich den Mittelmächten an. Italien und das ebenfalls mit Deutschland verbündete Rumänien blieben vorerst neutral.

Mögliche Motive für Deutschlands Blankoscheck

Was die deutsche Führung letztlich zu dem folgenschweren Blankoscheck an Österreich bewogen hat, ist unter den Historikern umstritten. Drei Deutungen stehen zur Diskussion:

- Deutschland wollte den Balkankonflikt nutzen, um seine seit Langem gehegten **Weltmachtpläne** durch ein bewaffnetes Vorgehen voranzutreiben; dabei sollte seine Machtbasis in Mitteleuropa ausgebaut werden. Gleichzeitig sollte der Krieg die bedrohte gesellschaftliche **Stellung der bisher herrschenden Schichten stabilisieren.** Als Beleg für diese Sichtweise dient vornehmlich das sogenannte Septemberprogramm der deutschen Reichsregierung (vgl. Kap. 7.2.2, S. 99).

- Deutschland versuchte, Russland durch eine Strategie des „kalkulierten Risikos" auszumanövrieren und gleichzeitig die Position Österreichs zu festigen: In einem **lokalisierten Krieg auf dem Balkan** sollte das Zarenreich entweder als nachgebender Schwächling dastehen, sodass es in den Augen Frankreichs und Großbritanniens diskreditiert war (Sprengung der Entente); oder Russland würde den Serben militärisch zur Hilfe eilen und damit einen internationalen Krieg auslösen. Auf diese Weise ließe sich der Krieg als **Verteidigungsakt** rechtfertigen.
- Deutschland sah sich durch das russisch-serbische Auftreten in Südosteuropa und den engeren Zusammenschluss der Tripelentente in seiner Machtposition bedroht und wollte dieser Herausforderung mithilfe eines **Präventivkriegs** entgegentreten. So drängten vor allem die deutschen Militärs um Generalstabschef Helmuth von Moltke (1848–1916) auf einen Präventivschlag, bevor die russische Aufrüstung zu weit vorangetrieben und Österreich weiter geschwächt worden wäre.

Welche Gründe letztlich den Ausschlag gaben, bleibt umstritten. Vermutlich spielten sie alle eine mehr oder weniger große Rolle. Die Konsequenzen jedenfalls waren absehbar. Der Historiker Hans-Ulrich Wehler fasst sie zusammen:

Dass der Krieg, den die Machteliten des Deutschen Kaiserreichs auf ihrer „Flucht nach vorn" im Sommer 1914 ausgelöst hatten, sich zu einem neuartigen Großkrieg auswachsen musste, stand innerhalb einer Woche fest, da in diesen unheilschwangeren Augusttagen die Kriegserklärungen aller Großmächte des europäischen Staatensystems abgegeben wurden. Überall schossen zwar utopische Hoffnungen auf einen kurzen Schlagabtausch ins Kraut. Bis Weihnachten werde man, glaubten viele, von ihren Illusionen in Bann geschlagen, siegreich zurückkehren. [...] Tatsächlich aber gab nicht nur das gewaltige militärische und ökonomische Potential, das auf beiden Seiten involviert war, jenen realistischen Skeptikern recht, die [...] seit mehr als zwei Jahrzehnten im Falle eines solchen Konflikts einen „Weltkrieg von einer bisher nie gekannten Ausdehnung und Heftigkeit" prognostiziert hatten. Vielmehr wirkte sich auch unverzüglich die hypnotische Faszination durch grenzenlos ausufernde Kriegsziele zugunsten eines langwierigen Kräftemessens aus.

Basiswissen **Schlieffenplan**

Für den Fall eines möglichen Zweifrontenkriegs gegen Frankreich und Russland legte der deutsche Generalstabschef Alfred von Schlieffen (1833–1913) 1905 einen strategischen Operationsplan vor, der zu Beginn des Ersten Weltkriegs im Wesentlichen angewendet wurde: Die Ostfront und der südliche Teil der Westfront zwischen Metz und der Schweizer Grenze sollten nur schwach gesichert werden, während die Hauptkraft der deutschen Armeen in einer Zangenbewegung von Norden schnell durch die neutralen Länder Belgien und Luxemburg vorstoßen und die französischen Streitkräfte einkreisen und vernichten sollte. Danach sollte der größte Teil der Streitkräfte gegen Russland vorgehen.

7.2 Kriegsverlauf und Kriegsziele

Das Hauptgeschehen des Ersten Weltkriegs spielte sich auf den Schlachtfeldern an der **Westfront** in Frankreich, an der **Ostfront** zwischen Ostpreußen und Galizien sowie im **Südosten** zwischen Galizien und der Adria ab. Die ursprünglich mit Deutschland verbündeten Staaten Italien und Rumänien traten 1915 bzw. 1916 auf der Seite der Alliierten in den Krieg ein. Das zunächst neutrale Griechenland schloss sich 1917 ebenfalls den Alliierten an. Mit dem **Kriegseintritt der USA** 1917 wurde die europäische Mächteauseinandersetzung zu einem globalen Konflikt. Der **Krieg zur See** spielte insgesamt eine eher untergeordnete Rolle. Mit seinem hohen Technisierungsgrad und der Einbeziehung der wirtschaftlichen Ressourcen und der Zivilbevölkerung der betroffenen Länder in die Kriegsanstrengungen bildete der Erste Weltkrieg eine **Vorstufe zum totalen Krieg.**

7.2.1 Kriegsverlauf

Kriegsmentalität

Die ungeheure **Begeisterung,** mit der der Ausbruch des Kriegs vor allem in Deutschland begrüßt wurde, war kennzeichnend für eine damals weitverbreitete Mentalität. Der Krieg galt als erlaubtes Mittel zur Durchsetzung wichtiger staatlicher oder gesellschaftlicher Interessen. Der Sozialdarwinismus mit seiner Vorstellung vom Kampf der Völker ums Dasein und vom Recht des Stärkeren lieferte dazu die pseudowissenschaftliche Legitimation. Außerdem betonte man die „reinigende Kraft“ oder die schmerzhafte, aber heilsame Wirkung des Kriegs und versuchte so, das grausame Kriegsgeschehen idealistisch zu überhöhen. Ein ausgeprägtes **Freund-Feind-Denken** dominierte; Kampfbereitschaft, Härte und Kompromisslosigkeit galten als Leitlinien des Handelns, Verhandlungen, Kompromisse, Nachgeben dagegen als Schwäche. Besonders konservative Verbände wie die Alldeutschen und der Flottenverein propagierten diese Ideen und beeinflussten stark die öffentliche Meinung.

Krieg im Westen

Der deutsche Angriff im Westen erfolgte nach den Vorgaben des **Schlieffenplans.** Doch das groß angelegte Manöver erreichte sein Ziel der Einkesselung und Vernichtung der französischen Streitkräfte nicht. Den deutschen Armeen gelang zwar ein rascher Vormarsch durch Belgien nach Nordfrankreich, doch dort brachte sie ein französischer Gegenangriff Anfang September an der Marne zum Stehen **(Wunder an der Marne).** Für diesen militärischen Fehlschlag gab es mehrere Gründe:

- Generalstabschef von Moltke hatte die Operationsplanung modifiziert. Er hatte den rechten Flügel, der durch Belgien nach Frankreich vorstoßen sollte, zugunsten des linken südlichen Flügels geschwächt.
- Wegen Alarmmeldungen aus Ostpreußen über das Vordringen russischer Truppen wurden zwei Armeekorps aus dem Angriffsverband nach Osten abgezogen.
- Die deutsche Front war überdehnt, sodass sich zwischen der 1. und 2. Armee eine 50 km breite Lücke auftat, in die die alliierten Verbände hineinstoßen konnten.
- Paris konnte nicht erobert werden und zu einer Einkesselung der Metropole reichten die deutschen Kräfte nicht aus.

Stellungskrieg: Nach dem Scheitern des deutschen Angriffs an der Marne musste von Moltke seinen Hut nehmen. Die Westfront erstarrte und der Kampf wandelte sich für die nächsten Jahre zum grausamen **Stellungs-, Graben- und Abnutzungskrieg,** in dem Millionen von deutschen, französischen und britischen Soldaten ihr

Leben ließen. Zwischen der belgischen Nordseeküste und der Schweizer Grenze verlief ein rund 800 km langer und nahezu unüberwindlicher Streifen aus Schützengräben und Stacheldrahtverhauen. Sturmangriffe der Infanterie wurden mit stunden- oder sogar tagelangem Trommelfeuer aus tief gestaffelten Artilleriestellungen vorbereitet und durch konzentriertes Maschinengewehrfeuer abgewehrt. Nennenswerte Geländegewinne konnte dabei keine Seite erzielen. Einen besonders hohen Blutzoll forderten der **Kampf um Verdun** (Februar bis Dezember 1916) und der Durchbruchsversuch der Alliierten an der **Somme** (Juni bis Dezember 1916). In diesen mit höchstem Materialeinsatz geführten Schlachten ließen fast zwei Millionen Soldaten ihr Leben. Mit verantwortlich dafür war die vom neuen deutschen Generalstabschef Erich von Falkenhayn (1861–1922) entwickelte **Ausblutungsstrategie:** Die Kräfte des Gegners sollten durch massive Angriffe so lange verschlissen und ausgeblutet werden, bis dieser ermattet aufgäbe. In seiner Weihnachtsdenkschrift von 1915 begründete Falkenhayn seinen strategischen Plan:

Hinter dem französischen Abschnitt der Westfront gibt es in Reichweite Ziele, für deren Behauptung die französische Führung gezwungen ist, den letzten Mann einzusetzen. Tut sie es, so werden Frankreichs Kräfte verbluten, da es ein Ausweichen nicht gibt, gleichgültig, ob wir das Ziel selbst erreichen oder nicht. Tut sie es nicht und fällt das Ziel in unsere Hände, dann wird die moralische Wirkung in Frankreich ungeheuer sein.

Doch das **Konzept scheiterte:**

- Auch die Angreifer erlitten überaus hohe und angesichts der letztlich misslungenen Strategie sinnlose Verluste.
- Die Franzosen konnten ihre Truppen durch ein Rotationsprinzip häufiger ablösen als die Deutschen.
- Die personelle und materielle Überlegenheit der Alliierten nahm im Kriegsverlauf zu, besonders als ihnen ab 1916 amerikanische Hilfsleistungen zugutekamen.

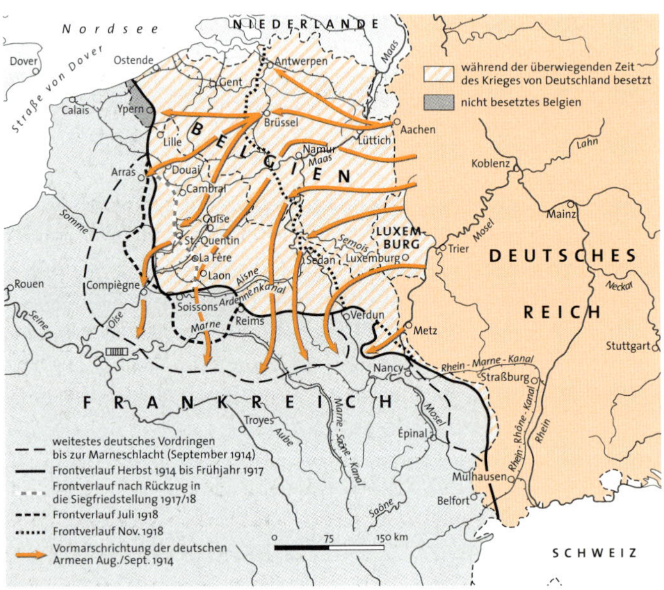

Frontverlauf und Truppenbewegungen an der deutschen Westfront 1914 bis 1918

Krieg im Osten

Zunächst konnten die Russen überraschend schnell nach Ostpreußen eindringen und die Provinz in ihre Gewalt bringen. Daraufhin erhielt der schon pensionierte General Paul von Hindenburg (1847–1934) dort das Kommando, dem als Stabschef Erich Ludendorff (1865–1937) zugeordnet wurde. Diese konnten die russischen Streitkräfte durch siegreiche **Schlachten bei Tannenberg** (Ende August 1914) **und in Masuren** (September 1914 und Februar 1915) aus Ostpreußen vertreiben.

Biografie **Paul von Hindenburg**

Der aus einer preußischen Gutsbesitzer- und Offiziersfamilie stammende Hindenburg stieg nach der Teilnahme an den Kriegen 1866 und 1870/71 zum General auf. Während des Ersten Weltkriegs begründeten seine Siege in Ostpreußen und weitere Erfolge den „Hindenburg-Mythos“. 1916 übernahm er mit seinem Stabschef Ludendorff die **Oberste Heeresleitung,** wodurch die beiden eine **quasidiktatorische Machtstellung** im Reich innehatten. Während der Weimarer Republik war Hindenburg eine **populäre Symbolfigur der Rechten.** 1925 wurde er zum **Reichspräsidenten** gewählt. Er blieb der Überzeugung nach Monarchist und ließ sich von konservativ-militaristischen Kreisen beeinflussen. Hindenburg stützte die Präsidialkabinette ab 1930 und ernannte Hitler 1933 zum Reichskanzler.

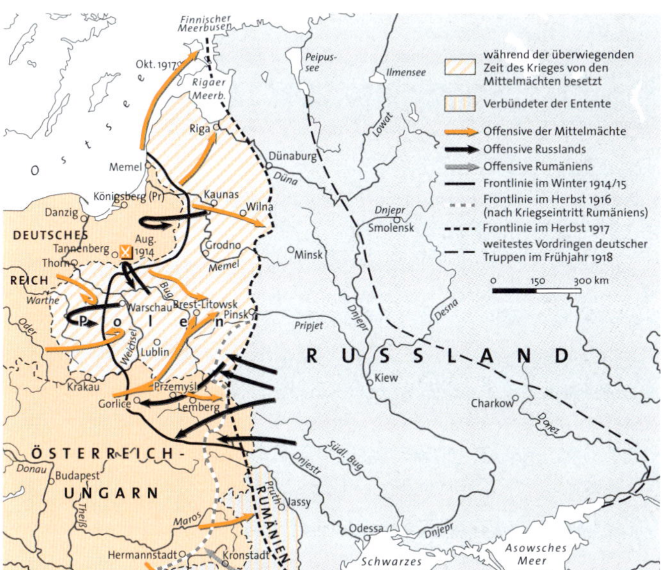

Frontverlauf und Truppenbewegungen an der Ostfront 1914 bis 1918

Weiterer Kriegsverlauf im Osten: Das Kriegsgeschehen an der Ostfront, an dem auch die österreichisch-ungarischen Armeen beteiligt waren, verlief wechselhaft. Die wichtigsten Etappen waren:

- Im Herbst 1914 eroberten die russischen Truppen große Teile Galiziens; die Österreicher verloren über 300 000 Mann und einen großen Teil ihrer Kampfstärke.

- Nachdem deutsche und österreichische Verbände in der **Winterschlacht in den Karpaten** (Dezember 1914 bis April 1915) ein weiteres Vordringen der russischen Truppen verhindern konnten, gelang es ihnen nach der siegreichen **Schlacht von Tarnow und Gorlice** nördlich der Karpaten (Mai 1915), Galizien zurückzuerobern und so die Front entscheidend zu entlasten. Die russischen Truppen mussten sich zurückziehen und auch Russisch-Polen preisgeben.
- Im Lauf des Sommers 1915 konnten die Mittelmächte **Polen**, **Litauen** und **Kurland** erobern.
- Danach kam auch die Ostfront im **Grabenkrieg** zum Stillstand.
- Im Sommer 1916 gelang den Russen mit der **Brussilow-Offensive** noch einmal ein beträchtlicher Erfolg gegen die Mittelmächte, doch der Sieg war durch hohe eigene Verluste teuer erkauft **(Demoralisierung der russischen Truppen).**
- 1917 eroberten die Mittelmächte das 1916 verlorene Terrain zurück und drangen bis **Riga** vor.

Weitere Kriegsschauplätze

- Auf dem **Balkan** konnten die Mittelmächte und ihre Verbündeten 1915/16 Serbien, Montenegro, Albanien und Rumänien besetzen und bis 1918 halten.
- In den **Dolomiten** lieferten sich ab 1915 Österreich und Italien blutige Schlachten.
- Im **östlichen Mittelmeerraum und im Nahen Osten** gab es Auseinandersetzungen zwischen Türken und Briten. Britische Erfolge: Annexion Zyperns, Erwerb Ägyptens als Protektorat (1914); Besetzung des Ostufers des Sueskanals (1916); Eroberung von Bagdad (1917) und Damaskus (1918). Ein Landeunternehmen am Eingang des Bosporus (Dardanellen) scheiterte 1915/16.

Krieg zur See

Die mit so viel Propaganda aufgerüstete deutsche Kriegsflotte konnte nie entscheidend in den Kriegsverlauf eingreifen. Vielmehr schnitt die britische Flotte durch eine **Fernblockade** des Ärmelkanals und des Seegebiets zwischen Schottland und Norwegen die Mittelmächte vom Welthandel und von Lebensmitteleinfuhren ab. Strategisch blieb die deutsche Flotte fast ohne Wirkung, da die Marineleitung das Risiko einer Konfrontation mit der überlegenen britischen Flotte scheute. Daran änderte auch der Achtungserfolg der Deutschen in der einzigen größeren **Seeschlacht** des Kriegs **vor dem Skagerrak** im Sommer 1916 nichts. Daher suchte die deutsche Führung ihre Zuflucht im uneingeschränkten U-Boot-Krieg, der sich auch gegen Handels- und Passagierschiffe neutraler Staaten richtete, und nahm dabei bewusst das Risiko eines Kriegseintritts der USA in Kauf. Hauptereignisse des Seekriegs:

- Seegefechte vor **Helgoland** (August 1914) und an der **Doggerbank** (Januar 1915);
- schwere deutsche Niederlage in der Seeschlacht bei den **Falklandinseln** zwischen britischen und deutschen Kriegsschiffen (8.12.1914);
- Beginn des deutschen **U-Boot-Handelskriegs** (22.2.1915);
- Versenkung des britischen Passagierdampfers **Lusitania** (7.5.1915), der auch Waffen und Munition für die Alliierten geladen hatte, durch ein deutsches U-Boot auf der Rückfahrt von New York; scharfe Protestnote der US-Regierung, weil auch zahlreiche US-Bürger ums Leben gekommen waren;

- Seeschlacht vor dem **Skagerrak** (31.5./1.6.1916), unentschiedener Ausgang;
- Beginn des **uneingeschränkten deutschen U-Boot-Kriegs** (1.2.1917).

Charakter des Kriegs

Der Erste Weltkrieg bildete den Übergang zwischen dem früheren Nationalkrieg und dem totalen Krieg späterer Zeiten (Zweiter Weltkrieg, Vietnamkrieg usw.). Die mit Beginn des Stellungskriegs einsetzenden Materialschlachten ließen sich nicht mehr im Stil der „Kabinettskriege" des 18. und 19. Jahrhunderts auf das Schlachtfeld begrenzen. Im Industriezeitalter wurden vielmehr die gesamten technischen, wirtschaftlichen und menschlichen Ressourcen der Krieg führenden Mächte aktiviert, sodass der Krieg immer stärker Charakterzüge eines **totalen Kriegs** annahm: **Einsatz moderner Kampfmittel mit hoher Vernichtungskraft** (Flugzeuge, Giftgas, Flammenwerfer, Trommelfeuer usw.), **Beeinträchtigung der Zivilbevölkerung** durch Handelsblockade, **Mobilisierung der Bevölkerung** zum Arbeitseinsatz (Frauenarbeit) und **regulierende Eingriffe in die Wirtschaft.**

7.2.2 Kriegsziele

Deutschland

Bei der Diskussion der Kriegsziele dominierte in Deutschland das Lager derjenigen, die durch einen Sieg die Machtstellung Deutschlands erweitern und die Hegemonie in Europa erringen wollten. Auf der anderen Seite standen die organisierte Arbeiterbewegung mit der SPD an der Spitze sowie die Linksliberalen, die den Krieg primär als Verteidigungskrieg ansahen und auf einen maßvollen Verständigungsfrieden setzten. Konkreter Ausdruck der deutschen Macht- und Expansionsinteressen war das von Reichskanzler Theobald von Bethmann Hollweg entworfene sog. **Septemberprogramm** von 1914. Als zentrales Ziel formulierte er:

> Sicherung des Deutschen Reiches nach West und Ost auf erdenkliche Zeit. Zu diesem Zweck muss Frankreich so geschwächt werden, dass es als Großmacht nicht neu erstehen kann, Russland von der deutschen Grenze nach Möglichkeit abgedrängt und seine Herrschaft über die nichtrussischen Vasallenvölker gebrochen werden.

Durch den Krieg sollte auch der Zugriff auf die für die Machtstellung des Reichs benötigten Rohstoffquellen und Lebensmittelressourcen in West- und Osteuropa gesichert werden. Das Septemberprogramm verfolgte territoriale, wirtschaftliche, außen- und innenpolitische Ziele.

- **Territoriale Veränderungen:** Annexion der Erzgebiete von Longwy-Briey in Lothringen, von Lüttich und Verviers in Belgien sowie Eingliederung Luxemburgs.
- **Außenpolitische und wirtschaftliche Vorstellungen:** Schwächung Frankreichs durch Gebietsabtretungen und hohe Kriegsentschädigung; Errichtung eines von Deutschland beherrschten Mitteleuropaverbands (Belgien als Vasallenstaat, zoll- und handelspolitische Anbindung Frankreichs, der Niederlande, Dänemarks, Österreichs, Polens, eventuell auch Schwedens und Norwegens).
- **Innenpolitisches Ziel:** Stabilisierung der gefährdeten konservativen Machtstrukturen und der Dominanz der agrarischen und industriellen Eliten des Reichs durch einen Sieg (ließ die Bereitschaft zu einem Verständigungsfrieden schwinden und eine Niederlage als undenkbar erscheinen).

Biografie **Theobald von Bethmann Hollweg (1856–1921)**

Der aus einem brandenburgischen Adelsgeschlecht stammende Bethmann Hollweg wurde nach einer **steilen Karriere als Verwaltungsbeamter** 1905 zum preußischen Innenminister ernannt. 1907 wurde er zum Innenminister des Reichs und 1909 zum **Reichskanzler und preußischen Ministerpräsidenten** berufen. Von gemäßigt liberaler Grundhaltung bemühte er sich vergeblich um einen Ausgleich der innenpolitischen Gegensätze im Reich. Außenpolitisch forcierte er die Julikrise aus Furcht vor Russland und einer Schwächung Österreichs, hoffte aber, den Konflikt in Grenzen zu halten. Nach Kriegsbeginn übernahm er **zunächst expansionistische Kriegsziele,** strebte aber schon bald einen **Verständigungsfrieden** an. Nachdem Hindenburg und Ludendorff die Oberste Heeresleitung (OHL) 1916 übernommen hatten, schwand sein Einfluss zusehends. Ohne Rückhalt bei Kaiser und Reichstag trat er schließlich auf Druck der OHL 1917 zurück.

Kriegsziele der anderen Mächte

Österreich-Ungarn: Erhalt des Vielvölkerstaats mit seiner Machtposition auf dem Balkan; Zurückdrängung des russischen Einflusses auf dem Balkan und Ausweitung der eigenen Großmachtstellung durch Expansion nach Serbien, Montenegro, Albanien, Rumänien, Russisch-Polen und der Ukraine.

Frankreich: Revanche für die Niederlage von 1870/71; Rückgewinnung von Elsass-Lothringen, Annexion des Saarlands und der linksrheinischen Gebiete Deutschlands; militärische und wirtschaftliche Schwächung Deutschlands und Wiedererlangung der europäischen Vormachtstellung; Verständigung mit Großbritannien über Einflussgebiete im Nahen Osten (Sykes-Picot-Abkommen); Übernahme deutscher Kolonien in Westafrika und Errichtung eines westafrikanischen Kolonialreichs.

Basiswissen **Sykes-Picot-Abkommen (Januar/Mai 1916)**

Geheime Verständigung zwischen Briten und Franzosen über die Aufteilung der ehemaligen Gebiete des Osmanischen Reichs im Nahen Osten: Großbritannien sollte Mesopotamien, Jordanien und das Gebiet um Haifa erhalten, Frankreich Syrien und den Libanon.

Russland: Zusammenführung aller Slawen unter Russland als Schutzmacht; Einfluss auf dem Balkan und Errichtung eines großserbischen Reichs; Gewinn eines Zugangs zum Mittelmeer; Ausdehnung nach Galizien und Ostpreußen.

Großbritannien: Sicherung des eigenen Imperiums gegen deutsche Weltmachtansprüche; Verhinderung einer deutschen Seemacht; Erhalt des europäischen Gleichgewichts, Übernahme deutscher Kolonien mithilfe Südafrikas (Ostafrika, Südwestafrika) und Verständigung mit Frankreich über die Aufteilung des Nahen Ostens.

7.3 Deutsche Kriegswirtschaft

Nach dem Übergang in den langwierigen Stellungskrieg mit seinen Ressourcen verschlingenden Materialschlachten hingen das Durchhaltevermögen und letztlich auch der militärische Erfolg stark vom Zugang zu den benötigten Rohstoffen, von einer ausreichenden Lebensmittelversorgung sowie einer bedarfsgerechten Produktion und Verteilung von Rüstungsgütern ab. Daher stellten alle beteiligten Länder mit Kriegsbeginn die Wirtschaft auf die Bedingungen des Kriegs um. Die freiheitlichen Wirtschaftsformen wurden nach und nach durch staatlich gelenkte ersetzt.

Die Versorgungslage in Deutschland

Schon im ersten Kriegswinter gab es deutliche **Engpässe bei der Lebensmittelversorgung,** die sich im Lauf der nächsten Jahre verschlimmerten und zu ernsthaften Ernährungsproblemen führten. Ähnliche **Mängel** herrschten **in der Rüstungsproduktion.** Schon im Oktober 1914 waren fast alle Vorräte an Waffen und Munition aufgebraucht. Die Versorgung musste aus der laufenden Produktion erfolgen, was die Planer vor erhebliche Schwierigkeiten stellte. Im Lauf des Kriegs ging die Industrieproduktion um 40 %, die für die Rüstung wichtige Roheisenproduktion sogar um 45 % zurück. Die Ursachen für diese desolate Lage lagen auf der Hand:

- Die sofort mit Kriegsbeginn einsetzende **Blockade der Seehandelswege** durch die britische Flotte schnitt das Reich praktisch von ausländischen Einfuhren ab.
- Bereits in der Vorkriegszeit war Deutschland auf Agrarimporte angewiesen. Das Problem verschärfte sich, als kriegsbedingt Arbeitskräfte aus der Landwirtschaft zum Heer oder in die Rüstungsbetriebe abgezogen wurden.
- Es herrschte außerdem ein grundsätzlicher **Mangel an Arbeitskräften,** da ein Großteil der Männer zur Waffe gezogen worden war.
- Die **Arbeitsproduktivität sank** ständig, da zunehmend ungelernte Arbeitskräfte, Jugendliche, Frauen und Kriegsgefangene eingesetzt wurden und außerdem deren Unterernährung die Leistungsfähigkeit beeinträchtigte.

Man versuchte, der Mangelsituation durch die Umstellung auf mehr oder weniger unzulängliche **Ersatzstoffe,** durch die Ausbeutung der besetzten Gebiete, rigide Sparmaßnahmen, Abfallverwertung usw. zu begegnen. Das gelang nur unzureichend. Ein Erfolg war jedoch die vom Staat forcierte industrielle Nutzbarmachung des kurz vor Kriegsbeginn entwickelten **Haber-Bosch-Verfahrens zur künstlichen Herstellung von Salpetersäure** aus dem Stickstoff der Luft, die für die Herstellung von Sprengstoffen unabdingbar war. Da man wegen der britischen Seeblockade nicht mehr auf das bis dahin verwendete Chilesalpeter zurückgreifen konnte, hätten die deutschen Streitkräfte ohne dieses neue Verfahren bereits Anfang 1915 ihr Feuer einstellen müssen.

Einrichtung der Kriegsrohstoffabteilung

Das drängende Problem der Rohstoffversorgung und der Kriegsproduktion wurde bereits im August 1914 in Angriff genommen. Der organisationserfahrene Industrielle Walther Rathenau übernahm die Leitung der neu gegründeten **Kriegsrohstoff-**

abteilung im Kriegsministerium. Gestützt auf die stellvertretenden Generalkommandos, in deren Händen während des Kriegs die exekutive Gewalt lag, kümmerte sich seine Behörde um die Zwangsbewirtschaftung der Rohstoffvorräte, die Rohstoffbeschaffung, die Lenkung der Produktion und die Herstellung von Ersatzstoffen. Dazu wurden sog. **Kriegsgesellschaften** ins Leben gerufen, gemischtwirtschaftliche Verwaltungs- und Lenkungsorgane mit Fachleuten aus der Industrie, die unter staatlicher Aufsicht mithilfe detaillierter Jahrespläne die Vorgaben des Kriegsministeriums verwirklichen sollten. Dass davon die Rüstungsindustrie profitierte, lag auf der Hand. Die Preise der Rüstungsgüter und die Gewinne der Unternehmen schnellten in ungeahnte Höhen.

Nach dem Ausscheiden Rathenaus im April 1915 leitete Major Joseph Koeth (1870–1936) die Kriegsrohstoffabteilung bis Kriegsende mit Erfolg. Bis 1918 konnten die Wirtschaft immer effektiver für den Krieg mobilisiert und die Rüstungsproduktion auf ein Höchstmaß gesteigert werden.

Biografie **Walther Rathenau (1867–1922)**

Walther Rathenau war zunächst **Industrieller** und saß im Vorstand der von seinem Vater gegründeten Allgemeinen Elektrizitätsgesellschaft (AEG). Zu Beginn des Ersten Weltkriegs leitete er die Kriegsrohstoffabteilung, die dirigistisch in das Wirtschaftsgeschehen eingriff, um die vorrangige Versorgung der Rüstungsindustrie mit Rohstoffen sicherzustellen. 1919 schloss Rathenau sich der Deutschen Demokratischen Partei (DDP) an. Als **Wirtschaftssachverständiger** der Regierung beteiligte er sich an verschiedenen Nachkriegskonferenzen, die sich mit der Reparationsfrage und dem Problem der Sozialisierung beschäftigten. 1921 wurde er **Wiederaufbauminister,** Anfang 1922 **Außenminister.** Am 24. 6. 1922 fiel er einem Mordanschlag ehemaliger Offiziere zum Opfer, die ihn wegen seiner jüdischen Herkunft und seiner angeblichen „Erfüllungspolitik“ gegenüber den Siegermächten hassten.

Lebensmittelversorgung

Zur Organisation der Versorgung der Zivilbevölkerung mit Lebensmitteln errichtete man nach dem Vorbild der rathenauschen Behörde Ende 1914 eine **Reichsgetreidegesellschaft,** der im folgenden Jahr eine Reichskartoffel- und Reichspreisprüfungsstelle an die Seite gestellt wurden. 1916 wurden die verschiedenen Ämter im **Kriegsernährungsamt** zusammengefasst. Schon 1915 mussten die Grundnahrungsmittel rationiert werden. Wegen der schwerfälligen Bürokratie und aufgrund von Kompetenzstreitereien zwischen den beteiligten Behörden gelang es allerdings auf Dauer nicht, die knappe Lebensmittelproduktion sinnvoll zu verteilen. Die Preise explodierten und der Schwarzmarkt blühte. Vor allem die Stadtbevölkerung litt zunehmend unter Unterernährung. Besonders schlimm war der sog. Steckrübenwinter 1916/17. Je länger der Krieg dauerte, desto schwieriger wurde die Versorgungslage – mit der Folge, dass Unzufriedenheit und Kriegsmüdigkeit wuchsen.

Hindenburg-Programm

Nach der Übertragung der Obersten Heeresleitung (OHL) an Hindenburg und Ludendorff (1916) und der damit verbundenen faktischen Entmachtung des Kriegsministeriums legten diese im Sommer ein Konzept zur Ausweitung der Rüstungsproduktion und zur totalen Mobilisierung der Bevölkerung vor, das als Hindenburg-Programm bekannt wurde. Kernpunkte waren:

- eine **Verdoppelung der Munitionsproduktion** und eine **Verdreifachung der Geschütz- und Maschinengewehrproduktion;**
- ein **Hilfsdienstgesetz,** durch das alle Männer zwischen 17 und 60 Jahren für die Rüstungsindustrie zwangsverpflichtet werden konnten.

Dazu wurde die Kriegsrohstoffabteilung in ein neu geschaffenes **Kriegsamt** unter General Wilhelm Groener (1867–1939) integriert. Doch die hochgesteckten Ziele konnten nur ansatzweise erreicht werden. Einen Erfolg erzielten in dieser Situation jedoch die **Gewerkschaften:** In Kenntnis der Tatsache, dass die Regierung auf die Zustimmung der Arbeiterschaft angewiesen war, konnten sie bzw. die Abgeordneten der SPD bei der Verabschiedung des Hilfsdienstgesetzes im Reichstag erhebliche **Mitspracherechte** der Arbeiterschaft für ihre Zustimmung einhandeln:

- Sie wurden als **gleichberechtigte Partner** der Arbeitgeberverbände anerkannt.
- Sie konnten bei der Umsetzung des Hilfsdienstgesetzes in dazu gebildeten **Kontrollausschüssen** mitwirken.
- In Großbetrieben konnten **Arbeiterausschüsse** die Interessen der Beschäftigten in Bezug auf Lohn und Arbeitsverhältnisse gegenüber den Arbeitgebern vertreten.

7.4 Innenpolitische Entwicklungen während des Kriegs

Burgfrieden

Ab August 1914 stellten die kaiserliche Regierung und die in Opposition stehende SPD ihre inneren Differenzen zurück und schlossen für die Dauer des Kriegs einen sog. Burgfrieden. Demonstrativ verkündete Kaiser Wilhelm II. in einer Rede vom Balkon des Berliner Schlosses am 1. 8. 1914:

> Ich kenne keine Parteien und auch keine Konfessionen mehr; wir sind heute alle deutsche Brüder und nur noch deutsche Brüder.

Und der SPD-Fraktionsvorsitzende Hugo Haase begründete die Zustimmung seiner Fraktion zu den für die Kriegsführung benötigten Krediten am 4. 8. 1914:

> Wir lassen in der Stunde der Gefahr das eigene Vaterland nicht im Stich.

Der Regierung und den herrschenden Kreisen war klar, dass sie ohne die Unterstützung der Arbeiterschaft keinen Krieg führen konnten. Die SPD wiederum hatte sich ab Mitte der 1890er-Jahre vom Ziel eines gewaltsamen Umsturzes verabschiedet und sich zu einer Reformpartei gewandelt. Beide Seiten wussten jedoch, dass spätestens nach Kriegsende die Reformforderungen von SPD und bürgerlichen Kreisen wieder auf der Tagesordnung stehen würden: die Beseitigung des **Dreiklassenwahl-**

7

rechts in Preußen und eine echte **Parlamentarisierung des Reichs.** Schon während des Kriegs konnten die Reformkräfte ihren kriegsbedingten Handlungsspielraum nutzen, wie sich bei der Verabschiedung des Hilfsdienstgesetzes zeigte.

Militärdiktatur

Seit Kriegsbeginn galt im Reich der Ausnahmezustand. Die Exekutive lag bei den **stellvertretenden Generalkommandos,** die neben der Ausbildung der Soldaten und dem Nachschub nun auch für innere Sicherheit, Presse- und Briefzensur, Ernährungsfragen und den Arbeitseinsatz zuständig waren. Sie waren dem Kaiser direkt unterstellt und an keine Weisungen der Regierung oder des Bundesrats gebunden. Nachdem Hindenburg und Ludendorff im Sommer 1916 die **OHL** übernommen hatten, kontrollierte vor allem Ludendorff mithilfe der inneren Militärgewalt Wirtschaft, Presse und öffentliches Leben, sodass faktisch eine Militärdiktatur herrschte.

Ansätze zur Parlamentarisierung und Friedensversuche

Im Frühjahr 1917 schien die Zeit für weitere Initiativen zur Parlamentarisierung reif zu sein:

- Die **russische Februarrevolution,** der Sturz des Zaren und die von den Arbeiter- und Soldatenräten erhobene Forderung nach einem „Frieden ohne Annexionen und Kontributionen“ verfehlten ihre Wirkung im Reich nicht.
- **Massenstreiks** gegen die hohen Arbeitsbelastungen und **Hungerunruhen** wegen der desolaten Versorgungslage nach dem Steckrübenwinter signalisierten wachsende Unzufriedenheit und Kriegsmüdigkeit in der Bevölkerung.
- Nach der Aufnahme des uneingeschränkten U-Boot-Kriegs (vgl. Kap. 7.2.1, S. 98) drohte der Kriegseintritt der USA.
- Österreich streckte Friedensfühler nach Frankreich aus.

Nach dem **Kriegseintritt der USA** (6.4.1917) wurde die Lage noch bedrohlicher. Der Kaiser versuchte zwar auf Anregung Bethmann Hollwegs, die Unruhe im Reich durch seine **Osterbotschaft** vom 7.4.1917 zu beschwichtigen, in der er eine **Wahlrechtsreform** für die Zeit nach Kriegsende ankündigte. Doch das Projekt scheiterte am Widerstand der OHL und des preußischen Abgeordnetenhauses; außerdem ging es den Reformkräften, vor allem der SPD, nicht weit genug. Neue Massenstreiks unterstrichen die Forderung nach Frieden und Wahlrechtsreformen mit Nachdruck. Bethmann Hollweg musste – bedrängt von allen Seiten – zurücktreten.

Im Juli 1917 verabschiedete die Mitte-Links-Mehrheit des Reichstags eine **Friedensresolution,** in der ein Friede „ohne Annexionen“ und „ohne Kriegsentschädigung“ gefordert wurde. Doch noch konnte sich die Parlamentsmehrheit nicht gegen die OHL durchsetzen; die gemeinsame Basis der Reformer war zu schmal, auch fehlte eine starke Führungspersönlichkeit.

Spaltung der SPD

Von Anfang an gab es in den Reihen der SPD auch Widerstand gegen die von der Parteimehrheit gebilligte Burgfriedenspolitik. Die Abweichler bildeten nach ihrem Ausschluss aus der SPD-Fraktion eine eigene parlamentarische Arbeitsgemeinschaft. Die russische Februarrevolution von 1917 löste schließlich die Spaltung der

SPD aus. Es bildete sich die neue **Unabhängige Sozialdemokratische Partei,** der sich auch die entschiedenen Marxisten der **Spartakusgruppe** um Rosa Luxemburg und Karl Liebknecht anschlossen.

Chronologie	Spaltung der Sozialdemokratie
4.8.1914	**Zustimmung der SPD-Reichstagsfraktion zu den Kriegskrediten,** Abweichler beugen sich dem Fraktionszwang.
1915/16	Marxistische Kriegsgegner um Rosa Luxemburg und Karl Liebknecht bilden die **Spartakusgruppe.**
März 1916	Ausschluss der Abweichler aus der SPD-Fraktion, sie bilden zunächst die **Sozialdemokratischen Arbeitsgemeinschaft.**
April 1917	Linke Sozialdemokraten und Kriegskritiker gründen die **Unabhängige Sozialdemokratische Partei (USPD).**
31.12.1918	Die Spartakusgruppe geht in der neuen **Kommunistischen Partei Deutschlands (KPD)** auf.

7.5 Kriegsende

Anfang 1918 war die OHL davon überzeugt, die langjährigen Kämpfe doch noch siegreich beenden zu können. Der Krieg im Osten wurde nach der russischen Oktoberrevolution durch den **Diktatfrieden von Brest-Litowsk** (März 1918) beendet: Sowjetrussland musste einen großen Teil seines westlichen Territoriums abtreten. Dadurch hatten die Deutschen Zugriff auf das ukrainische Getreide, konnten so ihre Versorgungskrise mildern und außerdem Truppen an die Westfront verlegen.

Die im März 1918 begonnene **deutsche Westoffensive** scheiterte jedoch; im Sommer 1918 zeichnete sich schließlich der **militärische Zusammenbruch des Deutschen Reichs** ab:

- Die Westalliierten starteten eine erfolgreiche Gegenoffensive und durchbrachen die deutsche Front bei Amiens.
- Die mit Deutschland verbündeten Staaten Bulgarien, Österreich-Ungarn und Türkei brachen zusammen oder gaben auf.
- Die USA warfen ihre ganze militärtechnische Überlegenheit in die Waagschale.
- Die deutsche Bevölkerung war kriegsmüde, die Ressourcen des Reichs waren erschöpft und in der Truppe zeigten sich Auflösungserscheinungen.
- Führende Industrielle drängten auf ein rasches Ende des Kriegs.

Die OHL drängte angesichts der desolaten militärischen Lage Ende September 1918 bei der Reichsleitung um Kaiser Wilhelm II. darauf, dass eine **vom Parlament gestützte Reichsregierung** eingesetzt werde, die den Westalliierten umgehend ein **Waffenstillstandsangebot** unterbreiten sollte. Damit verfolgte die OHL drei Ziele:

- durch eine Art „Revolution von oben“ eine drohende sozialistische Revolution „von unten“ zu verhindern,

- die Verantwortung für die militärische Niederlage auf die neue parlamentarische Regierung abzuwälzen und
- den Westmächten, vor allen den USA, entgegenzukommen, die nur mit einer vom Volk getragenen Regierung zu verhandeln bereit waren.

Revolution „von oben" und Verfassungsreform im Reich

Im Oktober 1918 wurde das Reich in eine parlamentarische Demokratie umgewandelt. Das Amt des Reichskanzlers übernahm der parteilose Prinz Max von Baden (1867–1929), dessen Regierung sich auf SPD, Zentrum und Fortschrittspartei stützte. Kurz darauf beschloss der Reichstag eine Verfassungsreform:

- Verantwortlichkeit der Regierung gegenüber dem Parlament;
- Übergang der militärischen Kommandogewalt an einen verantwortlichen Minister;
- Zustimmungspflicht des Reichstags bei Entscheidungen über Krieg und Frieden;
- Abschaffung des Dreiklassenwahlrechts in Preußen.

Waffenstillstand und Novemberrevolution

Das von der neuen deutschen Regierung an US-Präsident Woodrow Wilson (1856–1924) gerichtete Waffenstillstandsangebot vom 4.10.1918 berief sich auf dessen **14 Punkte** (u.a. Selbstbestimmungsrecht der Völker), wurde jedoch wegen fehlender deutscher Reformbereitschaft abgelehnt.

Die Rufe nach einem sofortigen Kriegsende, der Abdankung des Kaisers und einem Systemwechsel wurden nun immer lauter. Dessen ungeachtet wollte die OHL den Kampf mit letzten Kräften wieder aufnehmen. Angesichts dieses sinnlosen Unterfangens meuterten einige Mannschaftsteile der deutschen Flotte und lösten damit eine Revolution von Arbeitern und Soldaten mit rätedemokratischem Charakter aus **(Novemberrevolution).** Der Kaiser musste abdanken und am 9.11.1918 wurde in Berlin die Republik ausgerufen. Eine Regierungsdelegation unterzeichnete am 11.11.1918 die harten Bedingungen des **Waffenstillstands:** u.a. Räumung der besetzten Gebiete im Westen und des linken Rheinufers; Annullierung des Vertrags von Brest-Litowsk; Ablieferung aller schweren Waffen, der U-Boote und der Hochseeflotte.

Der Erste Weltkrieg – eine Bilanz

- Während der blutigen Kämpfe des Kriegs kamen etwa 8,5 Mio. Soldaten ums Leben, mehr als 20 Mio. wurden verletzt.
- Die Monarchien in Deutschland, Österreich, Russland und im Osmanischen Reich brachen zusammen und wurden durch republikanische Staatsformen ersetzt.
- Der Erste Weltkrieg beendete die jahrhundertelange weltpolitische Dominanz der europäischen Mächte. Die neuen Großmächte USA und UdSSR traten ins Rampenlicht der Geschichte und bestimmten die Weltpolitik des 20. Jahrhunderts.
- Frankreich erhielt das 1871 verlorene Elsass-Lothringen zurück.
- Frankreich und Großbritannien behielten zwar ihr Kolonialreich und erhielten zusätzlich die deutschen Kolonien als Völkerbundsmandate, doch sie waren durch die Kriegsanstrengungen wirtschaftlich und politisch geschwächt.
- Bei der staatlichen Neuordnung Osteuropas nach dem Krieg mussten Deutschland, Österreich und Russland Gebiete abtreten; neue Staaten bildeten sich: Finnland, die baltischen Staaten, Polen, Tschechoslowakei, Ungarn und Jugoslawien.

LITERATUR

(Bürgerlicher) Realismus

1848–1890

Allgemeine Charakteristika

■ Mit der fortschreitenden Industrialisierung und dem Aufstieg des Bürgertums verändern sich die Themen in der Literatur. In Abkehr von der Romantik mit ihrer Betonung des Gefühlvollen, des Spekulativen, Metaphysischen und Wunderbaren wendet man sich der gesellschaftlichen **Realität** zu, allerdings in einer besonderen Weise (vgl. „poetischer Realismus" unten)

■ **Grundhaltungen:** Angesichts der Modernisierung entweder optimistische oder pessimistische Grundhaltung (Fortschrittsglaube bzw. Modernisierungskritik)

■ **Wichtige Kennzeichen:** Milieuschilderungen und psychologisch genau gezeichnete Personen; im Vergleich zum französischen Realismus wenig Gesellschaftskritik, Neigung zu Resignation und zu einer Erzählweise, die sich eines distanzierenden Humors bedient. Oft wird das Verhältnis des Einzelnen zur Gesellschaft thematisiert (u.a. Entfremdung, Bedeutung der sozialen Lage für individuelle Bildungsprozesse). Es dominiert eine Wirklichkeitsnachbildung aus subjektiver Erzählperspektive, die die extremen Seiten der Realität (z.B. das abstoßend Hässliche) ausschließt (poetischer Realismus, verklärende Darstellung)

Autoren und Werke

■ **Prosa:** Gottfried Keller („Der grüne Heinrich", „Die Leute von Seldwyla"), Gustav Freytag („Soll und Haben"), Conrad Ferdinand Meyer („Jürg Jenatsch", „Das Amulett"), Theodor Storm („Der Schimmelreiter"), Wilhelm Raabe („Der Hungerpastor", „Stopfkuchen"), Theodor Fontane („Effi Briest", „Der Stechlin")

■ **Drama:** Friedrich Hebbel („Maria Magdalena"), Franz Grillparzer („Der Traum ein Leben")

Naturalismus

1880–1900

Allgemeine Charakteristika

■ Das Ziel des Naturalismus ist, Mensch und Gesellschaft in ihrer Natürlichkeit darzustellen und auf jede Idealisierung und metaphysische Begründung zu verzichten. Es geht dabei um eine gleichsam naturwissenschaftlich präzise Analyse und Darstellung der gesellschaftlichen Wirklichkeit. Er richtet sich somit auch gegen die verklärende Wirklichkeitsdarstellung des poetischen Realismus und setzt sich in häufig provozierender Weise in Opposition zum konventionellen bürgerlichen Kunstgeschmack der Zeit

■ **Wichtige Kennzeichen:** Themen sind das soziale Elend in den Großstädten, Kriminalität, Außenseitertum, Arbeitslosigkeit, Alkoholismus, Wohnungsnot, Prostitution, Geisteskrankheit, Unterdrückung der Frau; der Naturalismus übt Kritik an der Doppelmoral des Bürgertums und dessen Gleichgültigkeit gegenüber sozialen Problemen; Verwendung von Sekundenstil (Übereinstimmung von erzählter Zeit und Erzählzeit), von Umgangssprache, Jargon und Dialekt, um den Stoff authentisch zu gestalten

Autoren und Werke

■ **Prosa:** Arno Holz/Johannes Schlaf („Papa Hamlet"), Gerhart Hauptmann („Bahnwärter Thiel"), Max Kretzer („Meister Timpe", „Die Verkommenen")

■ **Drama:** Johannes Schlaf („Meister Oelze"), Arno Holz / Johannes Schlaf („Die Familie Selicke"), Gerhart Hauptmann („Vor Sonnenaufgang", „Die Weber", „Der Biberpelz", „Hanneles Himmelfahrt", „Fuhrmann Henschel", „Die Ratten"), Hermann Sudermann („Ehre")

■ **Lyrik:** Arno Holz („Phantasus", „Großstadtmorgen")

Literatur der Jahrhundertwende

1890–1920

Allgemeine Charakteristika

Angesichts der Entwicklung der modernen Industriegesellschaft entsteht bei vielen Künstlern ein Gefühl des geistigen Niedergangs, das sich in Melancholie oder übertriebener Vergnügungssucht äußert. Verfall, Krankheiten, Nervenstörungen und Tod werden Themen der Literatur. Es bilden sich verschiedene, sich zum Teil überschneidende **Strömungen:**

■ **Impressionismus:** Beschreibung von Seelenzuständen und unmittelbaren Sinneseindrücken, lautmalerische Sprache

■ **Symbolismus:** Literatur als zweckfreie, ästhetisch schöne Kunstwelt, Gebrauch von Symbolen als Sinnbilder

■ **Neuromantik:** In Anknüpfung an die Romantik Vorliebe für Magisches, für exotische Schauplätze und märchenhafte Stoffe

■ **Dekadenzliteratur:** Kulturpessimismus, Hang zu Rausch und Perversion, Verbindung von Schönem und Hässlichem

■ **Expressionismus:** Aufbegehren gegen autoritäre Verhältnisse und eine zunehmende Mechanisierung des Lebens, Vorahnung kommender Katastrophen

■ **Antimoderner Konservativismus:** Betonung von Volkstümlichkeit, Bodenständigkeit, Heimatkunst und Bauerntum

Autoren und Werke

■ **Prosa:** Hugo von Hofmannsthal („Chandos-Brief"), Thomas Mann („Tristan", „Die Buddenbrooks"), Heinrich Mann („Professor Unrat", „Der Untertan")

■ **Drama:** Frank Wedekind („Frühlings Erwachen", „Lulu"), Arthur Schnitzler („Der Reigen", „Liebelei"), Hugo von Hofmannsthal („Jedermann")

■ **Lyrik:** Stefan George („Algabal", „Das neue Reich"), Rainer Maria Rilke („Das Stundenbuch")

BILDENDE KUNST

Historismus

(etwa 1850–1900)

Allgemeine Charakteristika

■ Eine dem Repräsentationsbedürfnis des Bürgertums der Gründerzeit nach 1870 entsprechende Stilrichtung (vor allem in der Architektur und der Bildhauerei), die ältere Stilrichtungen nachahmte oder kombinierte: Neugotik, Neorenaissance, Neuromanik, Neobarock

■ Nationalistisch motivierte, meist idealisierende Historienmalerei mit mythologischen oder historischen Themen

Historistische Bauwerke und Historienmaler

■ Berliner Reichstag und Dom, Hamburger Rathaus, Alte Oper Frankfurt a. M., Schloss Neuschwanstein, Schweriner Schloss usw., zahlreiche Gründerzeitbauten in den Städten (Wohnhäuser, Bahnhöfe)

■ Historienmaler: Wilhelm von Kaulbach, Anton von Werner, Hermann Wislicenus

Realismus

(etwa 1850–1900)

Allgemeine Charakteristika

Ablehnung von Romantisierung und Idealisierung; Darstellung auch der sozialen Wirklichkeit rein durch die Erfassung der sichtbaren Welt. Sujets: Landschaftsmalerei, Themen aus der Arbeitswelt (Landarbeit, Industriearbeit), Darstellung einfacher Menschen (Dorfszenen, Stadtbewohner, Unterschichten), liberal-demokratisch motivierte Gesellschaftskritik, Druckgrafiken mit sozialkritischen Zeichnungen und Karikaturen

Bedeutende Künstler

Adolf von Menzel, Wilhelm Leibl, Hans Thoma, Franz von Lenbach, Heinrich Zille, Käthe Kollwitz

Impressionismus

(etwa 1865–1890)

Allgemeine Charakteristika

■ Darstellung des Gegenstandes in seiner Augenblickswirkung; der unmittelbare optische Eindruck sollte eingefangen und unter Einbeziehung persönlicher Sinneseindrücke gestaltet werden.

■ Freilichtmalerei (u. a. zum Studium von Licht und Farbe); Auflösung fester Formen und Konturen, schnelle Malweise, kurze, starke Pinselstriche, überwiegend helltönige, leuchtende Farbnuancen

Bedeutende Künstler

Fritz von Uhde, Max Liebermann, Lovis Corinth, Max Slevogt

Symbolismus

(etwa 1880–1910)

Allgemeine Charakteristika

■ Darstellung seelischer Regungen, von Träumen, Visionen und Halluzinationen, des Unbewussten, des Geheimnisvollen und des Magischen mithilfe von Symbolen

■ Hinter der erfahrbaren Realität wird eine andere, „endgültige" Wirklichkeit vermutet, die nur subjektiv erfahren werden kann

Bedeutende Künstler

Arnold Böcklin, Ferdinand Hodler, Max Klinger, Franz von Stuck

Jugendstil

(etwa 1895–1915)

Allgemeine Charakteristika

■ Nach der 1896 gegründeten Zeitschrift „Jugend" benannte Stilrichtung: Bevorzugung von an der Natur orientierten geschwungenen Linien, dekorativen Stilisierungen und floralen Ornamenten sowie flächiger Farbgebung

■ Forderung nach einer Verschmelzung von Kunst, Industrie, Handwerk und Leben

Bedeutende Künstler

Gustav Klimt (Malerei), Alfons Mucha (Plakatkunst), Henry van de Velde, Peter Behrens, Richard Riemerschmid, Heinrich Vogeler (Kunsthandwerk, Architektur)

Expressionismus

(etwa 1900–1925)

Allgemeine Charakteristika

■ Stilrichtung, die zentral das subjektive Erleben des Bildgegenstandes im Augenblick des Malens festhalten will

■ Kennzeichen sind eine ausdrucksstarke, nicht wirklichkeitstreue Farb- und Formgebung und ein flächiger Farbauftrag

Bedeutende Künstlervereinigungen

■ Die Brücke (Dresden): Ernst Ludwig Kirchner, Erich Heckel, Karl Schmidt-Rottluff, Max Pechstein, Emil Nolde

■ Blauer Reiter (München): Franz Marc, August Macke, Gabriele Münter, Paul Klee, Wassiliy Kandinsky

■ Künstlerkolonie Worpswede

■ Weitere Künstler: Ernst Barlach, Egon Schiele

MUSIK

Spätromantik (etwa 1850–1890)

Allgemeine Charakteristika

- Musik als Ausdruck subjektiver Gefühle und Stimmungen; allmähliche Auflösung der klassischen Musikformen und traditionellen Harmonik; Verbindung der Musik mit außermusikalischen Bereichen bzw. Themen (Programmmusik, sinfonische Dichtung); Ausweitung und Differenzierung der Orchestrierung zur Darstellung ausgefallener und komplexer Feinheiten; Entwicklung individueller musikalischer Ausdrucksformen einzelner Komponisten; Integration von Elementen der Volksmusik
- Deutsches Bürgertum als musikalischer Kulturträger, das vor allem in der Sinfonie mit ihrem hohen ästhetischen und kompositionstechnischen Anspruch seine Bildungsideale verwirklicht sieht
- Ab 1890 Übergang zum musikalischen Impressionismus (vor allem in Frankreich, z. B. Claude Debussy, Maurice Ravel): extreme Verfeinerung von Melodik, Rhythmik und Klangfarbe, Verzicht auf feste Strukturen und Melodieabfolgen, Ansätze zur Atonalität
- **Sinfonie/Instrumentalmusik:** Wiederbelebung der Sinfonie durch Brahms und Bruckner, Ausdehnung des sinfonischen Stils auf andere Musikgattungen (z. B. Oper, Oratorium, Konzert); sinfonische Dichtung als musikalische Darstellung poetischer Inhalte
- **Oper:** Richard Wagner führt mit seiner Opernreform die Oper als Musikdrama ein, worin Musik, Sprache, Bewegung und Bild zusammenwirken, um ein intensives gefühlsmäßiges Verständnis und einer tiefergehende Reflexion beim Publikum (Leitmotivtechnik) zu erzeugen
- **Tanzmusik/Operette:** Zunehmende Bedeutung von Tanzmusik als Freizeitbeschäftigung für breite Schichten („Gebrauchsmusik"); Walzer, Polka, Mazurka, Galopp, Polonaise; zunehmende Popularität der Operette mit heiteren oder sentimentalen Inhalten und leichten, eingängigen Melodien

Bedeutende Komponisten und Werke

- **Instrumentalmusik:** Franz Liszt (sinfonische Dichtung „Les Préludes", Klavierkonzerte), Johannes Brahms (Sinfonien Nr. 1–4, Klavier- und Violinkonzerte), Anton Bruckner (Sinfonien, Vokalmusik), Antonín Dvořák (Sinfonien, Kammermusik, Opern)
- **Oper:** Richard Wagner („Lohengrin", „Der Ring des Nibelungen", „Tristan und Isolde", „Die Meistersinger von Nürnberg", „Parsifal"), Engelbert Humperdinck (Märchenopern, z. B. „Hänsel und Gretel")
- **Tanzmusik/Operette:** Johann Strauß (Sohn) („An der schönen blauen Donau", Operetten „Die Fledermaus", „Der Zigeunerbaron"); Jacques Offenbach („Hoffmanns Erzählungen"), Karl Millöcker („Der Bettelstudent")

Neue Musik (ab etwa 1900)

Allgemeine Charakteristika

- Musikalische Neuorientierung, ausgelöst durch eine um die Jahrhundertwende unter Intellektuellen und Künstlern vorherrschende Stimmungslage, die teils aus pessimistischem Krisengefühl, teils aus optimistischem Aufbruchsgeist bestand; fließender Übergang von der Spätromantik zur Neuen Musik ohne klar definierbare Trennlinie; expressionistische Übersteigerung der musikalischen Ausdrucksformen; Einsatz von außerinstrumentalen Geräuschen; Begründung der Neuen Musik durch umfangreiches musiktheoretisches Schrifttum
- **Ziel der Neuen Musik:** Bruch mit der Tradition und Überwindung des konventionellen Musikgeschmacks; Ersatz der klassisch-romantischen Ästhetik durch neue, modernere musikalische Formen und Inhalte
- **Kennzeichen der Neuen Musik:** Experimente mit Harmonik, Rhythmik, Melodik, Form und Orchestrierung; Aufbrechen der bisher gültigen harmonischen Regeln; Aufgabe der Tonalität, Kompositionen in freier Atonalität oder nach den Regeln der Zwölftonmusik (Nutzung aller zwölf Töne einer Oktave ungeachtet gängigen harmonischen Wohlklangs); oft provozierende und skandalöse Wirkung beim Hörerpublikum

Bedeutende Komponisten und Werke

- **Instrumentalmusik der Übergangsphase:** Gustav Mahler (Sinfonien), Richard Strauss (sinfonische Dichtungen), Max Reger (Orchesterwerke, Kammermusik, Orgelwerke), Hans Pfitzner (Orchesterwerke, Kammermusik, Vokalwerke)
- **Instrumentalmusik von Zwölftönern und Atonalen:** Arnold Schönberg (Orchester- und Vokalwerke), Anton von Webern (Kammer- und Orchestermusik, Lieder); Béla Bartók (Orchesterwerke, Kammermusik)
- **Oper der Übergangsphase:** Richard Strauss („Salome", „Elektra"), Hans Pfitzner („Palestrina")
- **Oper von Zwölftönern und Atonalen:** Arnold Schönberg („Erwartung"), Alban Berg („Wozzeck"), Béla Bartók („Herzog Blaubarts Burg")

NATURWISSENSCHAFT UND TECHNIK

Physik

Neue Entdeckungen

- Elektromagnetismus (Michael Faraday, 1831; James Clerk Maxwell, 1864)
- Hauptsätze der Thermodynamik: 1. Erhaltung der Energie (Julius Robert Mayer, 1842; James P. Joule, 1843; Hermann von Helmholtz, 1847); 2. Unmöglichkeit der vollen Umwandlung von thermischer Energie in andere Energiearten, Zunahme der Entropie (Lord Kelvin, 1848; Rudolf Clausius, 1854); 3. Unerreichbarkeit des absoluten Nullpunkts der Temperatur (Walther Nernst, 1905)
- Nachweis elektromagnetischer Wellen (Heinrich Hertz, 1886)
- Röntgenstrahlen (Wilhelm Röntgen, 1895)
- Radioaktivität (Henri Becquerel, 1896; Marie und Pierre Curie, 1898)
- Entschlüsselung der Kristallstruktur (Max von Laue, 1912)

Neue theoretische Modelle

- Spezielle und allgemeine Relativitätstheorie eröffnet ein grundlegend neues Verständnis von Raum und Zeit (Albert Einstein, 1905, 1916)
- Quantentheorie: Energie tritt in einzelne „Quanten" gebündelt auf (Max Planck, ab 1900)
- Atommodell (Ernest Rutherford, 1911; Niels Bohr, 1913)

Wissenschaftsorganisation

- Kaiser-Wilhelm-Gesellschaft (ab 1911, heute Max-Planck-Gesellschaft): Institute für naturwissenschaftliche Grundlagenforschung

Medizin

Neue Entdeckungen

- Verbesserung der Behandlungsmethoden bei Verletzungen und in der Chirurgie durch Narkose (Lachgas, Äther, Chloroform, ab 1844) und Antisepsis (Ignaz Semmelweis, ab ≈ 1850)
- Begründung der Zellularpathologie (Störungen in den Körperzellen als Ursache von Krankheiten; Rudolf Virchow, 1858)
- Begründung der Bakteriologie (Bakterien als Verursacher von Zellkrankheiten; Robert Koch, Louis Pasteur, Paul Ehrlich, ab 1873): Entdeckung der Erreger von Milzbrand, Diphtherie, Tuberkulose, Lepra, Pest, Syphilis, Gonorrhöe
- Erweiterung der physiologischen Kenntnisse über Herz-Kreislauf- und Nervensystem, Drüsen, Verdauung, Stoffwechsel
- Entwicklung der Radiologie (Einsatz von Röntgenstrahlen zu diagnostischen und therapeutischen Zwecken, ab 1895)

Chemie

Neue Entdeckungen

- Begründung der Organischen Chemie (Friedrich Wöhler, Justus Liebig, Emil Fischer, ab 1828)
- Entwicklung der Biochemie (u. a. Friedrich Wöhler, 1828; Emil Fischer, 1883)
- Entwicklung der Agrarchemie und Anwendung von künstlichem Dünger (Justus Liebig, ab 1840)
- Strukturtheorie der Moleküle (Friedrich August Kekulé, ab 1857)
- Spektralanalyse (Robert Kirchhoff, Robert Bunsen, 1859)
- Massenwirkungsgesetz (Cato Guldenberg, Peter Waage, 1864)
- Farbchemie (Herstellung von synthetischen Farben und Arzneimitteln, Carl Graebe, Carl Liebermann, ab 1869)
- Periodensystem der Elemente (Dimitri Mendelejew, Lothar Meyer, 1869)

Biologie

Neue Entdeckungen und Theorien

- Begründung und Formulierung der Evolutionstheorie (Entstehung der Arten durch natürliche Selektion, Alfred Russel Wallace, 1859; Charles Darwin, 1859)
- Begründung der Genetik (Gregor Mendel, ab 1856; August Weismann, ab 1885; Thomas Morgan, ab 1910)
- Chemische Grundlagen der Photosynthese (Richard Wilstätter, ab 1905)

Technik

- Verbesserungen bei der Stahlerzeugung (Bessemer-Birne, ab 1856; Siemens-Martin-Verfahren, ab 1867; Thomas-Verfahren, ab 1877); Folgen: Einsatz von Stahl statt Gusseisen im Eisenbahnbau, bei Eisenbahnschienen, im Schiffbau und Geschützbau; Verbesserungen im Maschinenbau (Entwicklung von Präzisionswerkzeugmaschinen)
- Telekommunikation: Telegrafie (Wilhelm Weber, Carl Friedrich Gauß, ab 1833), Überseekabel, ab 1850, Telefon (Philipp Reis, 1861; Graham Bell, 1876), Funktelegrafie (Ferdinand Braun, ab ≈ 1900)
- Dynamo als Stromgenerator (Werner von Siemens, 1866)
- Beleuchtung: Gasbeleuchtung (ab ≈ 1810), Glühlampe (Thomas Alva Edison, 1880)
- Elektrische Straßenbahnen (ab 1881)
- Verbrennungsmotor (Nikolaus Otto, Carl Benz, Rudolf Diesel, ab 1867), Automobilbau (ab 1886), Flugzeugbau (ab 1903)
- Dampfturbine (Gustaf de Laval, Charles Parsons, ab 1883)

Register

Textquellen:

S. 55: Wehler, Hans-Ulrich. Sozialimperialismus. In H.-U. Wehler (Hg.): Imperialismus. Neue Wissenschaftliche Bibliothek, Bd. 37, Köln/Berlin 1977 (Kiepenheuer & Witsch)
S. 94: Wehler, Hans-Ulrich: Deutsche Gesellschaftsgeschichte, Bd. 4: Vom Beginn des Ersten Weltkriegs bis zur Gründung der beiden deutschen Staaten 1914–1949, München 2003 (C.H. Beck)

Bildquellennachweis:

Aisa, Archivo iconográfico, Barcelona: S. 66, 75; akg-images, Berlin: S. 24; Deutsches Historisches Museum, Berlin: S. 51; Wolfgang Haney, Berlin: S. 44; picture-alliance/akg- images, Frankfurt am Main: S. 9, 15, 27, 85; picture-alliance/dpa, Frankfurt am Main: S. 30; picture-alliance/IMAGNO/Austrian Archives, Frankfurt am Main: S. 37

Alle weiteren Abbildungen Bibliographisches Institut, Mannheim